塩沼亮潤
Shionuma Ryojun

人生の歩き方

致知出版社

はじめに

大峯千日回峰行《おおみねせんにちかいほうぎょう》は、一日四十八キロの険しい山道を十六時間かけて年間約四か月、奈良の吉野山から大峯山《おおみねさん》という標高千七百十九メートルの山まで往復するという九年がかりの修行です。

定められた期間は、たとえ嵐が来ても、病気やケガをしたとしても、絶対に途中で行をやめることはできません。もし、途中で断念する場合には、短刀で腹を切るという厳しい掟があります。

それは「千日間歩き通します」と御仏《みほとけ》に誓って行に入りますので、絶対に約束を守らなければならないということです。日々、体力的にも精神的にも追い込まれ、何が起こるかわからない深い山のなかでは、常に危険ととなりあわせです。

このように行者とは折に触れ厳しい行をするときもありますが、〝行〟とは無理に体を痛めることではありません。また苦しむことを目的として行じるわけでもありません。

ではなぜ〝行〟をするのかといいますと、それは、私たちの心というのは何不自由のない常に満たされた環境ばかりでは、どんどんわがままになってしまうものだからです。そこで、大自然という厳しい環境に身をおいて、自己を見つめ、心を正し、反省と感謝のくりかえしのなかで、人生のあり方を根本的に見つめ直し、心を成長させます。

しかし、いつまでも山にいたのでは仙人になってしまいますので、山での修行の期間を終えたならば、里に戻り、山の行で気づいたことを日常の生活において実践し、そして、人生のあり方を皆さまにお伝えさせていただくというのが行者の定めです。

山の行も、あるいは人生も、いろいろなつらいことや苦しいこと、そして思い通りにならないことがたくさんありますが、その与えられた環境のなかで、常に満たされた心をつくり上げるために行や人生があるのです。しかし、実際にいろいろな悩みや苦しみを抱えてしまうと、心を閉ざしてしまったり、憂えてしまうことはないでしょうか。

なぜそうなのだろうとふり返ってみたときに、やはり心のなかで自分の思い通りにならないことがあると、悩んだり塞ぎ込んだりする、とてもわがままな心があったのかもしれません。しかし、どんなときでも謙虚で素直な心をもち、〝正しく生きる〟という姿勢で、一歩前に踏み出し、人生を歩み続けていると必ず道は開けます。

正しく生きるということを実践している人からは、自然といい雰囲気が出ているものです。また、その周りにはたくさんの人が集まり、いい縁が広がりをみせます。こんな幸せなことはありません。

心を込めて山を歩いていると、たくさんの気づきがあります。この度は、その山で気づいた人生の歩き方をまとめさせていただきました。この本が少しでも、皆さまの人生のお役に立つことができれば幸いに存じます。

平成二十一年七月

塩沼亮潤

人生の歩き方●目次

第五章 すべては自分しだい

第六章

信じて生きていく

墨書——著者

装幀——川上成夫

装画——武蔵野図屏風　東京国立博物館所蔵
Image:TNM Image Archives

編集協力——柏木孝之

第一章

行に向かう心

潤

困難を鍛錬と思う心

心のなかに大きな夢や目標をもって歩んでいれば、必ず困難や試練はおとずれるものですが、それをのりこえなければ大きな夢や目標をかなえることはできません。

たとえば、千日回峰行者が山で修行をするときにはとても厳しい掟があり、いったん行に入ると、たとえ体調が最悪の状態であっても、行を途中でやめることは絶対にできません。

暑さ寒さはもちろんのこと、雨の日、風の日、嵐の日、また熊や猪《いのしし》におそわれそうになったり、大きな落石が直撃しそうになったりと、山はとてもこわいところです。

そういう行の最中にはどういうことを思って行じているのかといいますと、

つらいことや苦しいことなどには、あまりとらわれなくなります。ただ、ひたすらに大自然のなかで自問自答しながら心の中の迷いとたたかい、清らかな心をめざして、人として正しい道を歩めますようにと祈る思いで行じてまいります。

人は誰でもそれぞれに〝道〟を求め、時に行じ、また、それぞれの人生のなかで学び、その体験をもとに日常の心のあり方を見つめ直すのだと思います。

それがたまたま私にとりましては山の行だったというだけです。誰もいない山のなかで、朝起きて、歩いて、そして寝るということのくりかえし。そして一日一日、ひとつひとつを積みかさね、体力的に、そして精神的に日々極限のなかで自己の成長を願い、自分の可能性を引き出す。それをくりかえす日々でした。

両ひざに水がたまってしまう状態の日もあれば、高熱が出てひどい腹痛に耐え、意識が朦朧《もうろう》となりながら歩いている日もありました。

体調が良く、山の天気が良い日などほとんどありません。いつも、体調が悪かったりケガをしていたり、また台風がきたり崖崩れがあったり、それに加え、心のなかにありとあらゆる感情が自分をためすかのように浮かんできます。まさに、悪戦苦闘の日々であります。

しかし、不思議なことにほとんど痩せることもなく、いつも前向きな心で行に挑み続けることができたというのは、どんな困難がおとずれても、その困難は自分を鍛えるための鍛錬だと思い、決して心のなかが卑屈にならなかったからだと思います。

困難なことがおとずれたときに精神的に追いこまれてしまうとどんどん心が卑屈になってしまいます。そんなときこそ、心を明るくもち、前向きな考えをもち、困難を鍛錬と思うことです。その心が次の一歩につながり、やがていつの日か大きな夢や目標をかなえているものです。

いつものびのびと

厳しい山での修行をしていたときの話です。精一杯力を出し切って行じておりますと、すでに限界の状態でありながらも、「もっと何かを摑《つか》めたら……」「この先にもっと、何かがあるのではなかろうか……」という気持ちが出てきます。これは、より優れた状態をめざそうとする向上心とはまた違う欲みたいなもので、この欲が出てきたときには、とても気をつけなければなりません。

これ以上無理をしたら限界を超えてしまうかもしれないとわかっていても、それに対するこわさがなくなってしまい、自分の命が危ないと思っていても、深みにはまってしまうかのように、自分を追いつめてしまうことがあります。

これはとても危険なことであり、冷静な心がなければ命を落としかねません。登山家の方が似たようなお話をされていることを聞いたことがありますが、きわめてまれな体験かもしれません。

行とは、みずからを苦しめたり、命を落とすことが目的ではありません。人生のあり方を行のなかで学び、無事に行を成就し、その後の日常生活において実践し、自分自身の心を成長させながら、皆さんの幸せを願うということに意義があります。

ですから、絶対に限界の一歩手前で戻ってこなければなりません。

たとえば、日常の生活においても、ひとつのことにとらわれて追い求めすぎると、何か向上心とは違う「もっともっと」という欲みたいなものがつい出てしまい、周囲と隔たりができてしまったり、ものごとが裏目に出てしまうことがあります。周りの人を思い、みんなのためにと思って自分なりに行動していても、かえって周りの人に迷惑をかけてしまったという経験はないでしょうか。

時は流れています。その流れを見定め、そして自分の心も見定めて、ものごとのほどあいを適切に判断し、自分の人生を刻んでいかなければなりません。

大きな夢や目標に立ち向かっていくときこそ、心が豊かであり、潤っていなければなりません。その心のゆとりがあってはじめて、ものごとが成就いたします。

せっかく皆さんのためにと努力していても、自分だけがつらく苦しいことに耐えているのだという、いかにもつらそうでゆとりのない姿を見ても誰も元気にはなりませんし、人は寄ってきません。どんなに困難をかかえているときでも、常に明るく、軽やかに、そして、のびのびした心でいることです。それが、自分と皆さんの心の幸せにつながることであると思います。

野に咲く一輪の花のように

千日回峰行を続けていたある日のこと、仏さまは大自然を通じて自分に何を伝えたいのだろうかと、考えてみたことがありました。

来る日も来る日も涙しながら、いろんな苦しみをのりこえて、あらゆる感情をおさえて歯をくいしばって耐えていた日々でしたが、あるとき、ふと足を止めてみると、はじめて足もとの小さな一輪の花の美しさに気がつきました。

野に咲く一輪の花は、自分と同じように山のなかで雨や風にもまれながら、どんなに厳しい環境のなかでも人の心をなごませるきれいな花を咲かせていました。それに対し自分は、周りの人にとってどんな存在であっただろうかと、あらためてかえりみました。次々におとずれる試練に対し、ただそれに負けないようにという強さばかりで、大自然という、嘘いつわりのない、ありのままの真実の素晴らしさを感じとるというゆとりがなかったことに気がつきました。

私たちの人生においても、目標ばかりにとらわれて流されていますと、つい身近にいる人との絆《きずな》や、思いやりというものを忘れがちになってしまいます。

また自分が苦しくなると、他人《ひと》のことを考えなくなったり、また自分中心にものごとを考えて勝手気ままに立ち振る舞ったりしてしまうことがありますす。そんなことをしていれば、周りの人は喜びませんし、それがまわりまわって自分自身に返ってきてしまいます。

そうならないように、苦しいときこそ精一杯、周りの人に思いやりの心をもつことです。野に咲く一輪の花のように雨や風に耐えながらも、いつも微《ほほ》笑《え》んでいることです。

その姿に、人は感動し、喜んでくれるはずです。そして、その功徳《くどく》がまわりまわって自分の心を潤します。

昔から「笑う門には福来る」といわれていますが、笑顔をたやさない人には自然と幸福がおとずれます。花を見て怒る人がいないように、笑顔を見て怒る人もいません。

つらいことや苦しいことがあっても、逆に苦しさをも生かし、微笑んで福を招き入れることが、自分を支えてくれている人に対しての恩がえしです。

人は一人では生きていけませんし、それぞれにつらさ苦しさをかかえています。自分一人だけが苦しいと思わずに、みんな共に生きているのだという思いやりの心をもち、笑顔でいること。それが人と人との心の潤滑油の役割をはたし、皆の心を潤して円満になるのだと思います。

行に挑む心

「千日回峰行に挑む決意というものは、相当なものだったと思いますが？」

こんなふうに聞かれることがあります。しかし、はじめからこの行を行じたいと思い、行に入りましたので、大変だなという気持ちや、不安というものはまったく感じたことがありませんでした。

誰かにいわれて行をはじめたわけでもありませんでしたので、自然体で行に入ることができました。おおげさにいえば、気がついたら千日回峰行の第一歩を踏み出していたというぐらいの感じです。

自分から、人として大切な心を行のなかで会得《えとく》したいという志を立て、そのために「千日間、山を歩きます」と仏さまに誓って行に入りますので、絶対にその約束は破ることはできません。

何があるかわからない山のなかでは常に生と死がとなりあわせです。しかし、どんなにつらくても苦しくても、一歩、そしてまた一歩と足を前に出さなければ進むことはできません。すべて自己の責任において行じ、決められたことを決められたように行じるだけのことです。

どのような心で行じているか、神仏はすべて見ておられます。昔から行者の心構えが悪いと、その後の人生を大きく左右するといわれています。ですから一日たりとも手を抜けません。手を抜けば、必ずそのつけがまわってきます。これが行のこわさです。

私たち行者は大切な時間をいただいて、そして多くの皆さまのお世話になり、行じさせていただきますので、精一杯行じなければならないのは当然なことであります。正しい心で行じ、なぜ行をするのか、なんのために行をするのかという志が純粋であれば、なんのこわさもありません。

行じる前には、どんな行になるのだろうという希望があります。また、行じる日々には励みがあります。そして、行じたあとに後悔しないように、行のなかでなすべきことをなし、手を抜かず、しっかりと功徳を積むことが大切です。

行とは日常生活においては行いであると思います。私たちがどういう行いをするかによって、人生が良いほうに行くか、あるいは、悪いほうに行くかが決まるのだと思います。良いことをすれば良い人生になり、悪いことをすればそうでないことになります。

つらいこと苦しいことをのりこえて成長するからこそ、生きる喜びというものを実感できます。精一杯努力している人は輝いています。正しく生きている人には必ず道が開けます。

私たちの人生のなかで一日一日を積みかさねるということはまさに行であり、どのような心構えで日常をすごすか、まずはここが基本となります。

なんのために行ずるのか

よく「なんのために行ずるのですか」「なぜ行をしたのですか」と聞かれることがあります。しかし、不思議に思われるかもしれませんが、これは行が終わって皆さんからそのような質問をされるまで、本人が一番意識していなかったことかもしれません。

ややもすれば「命懸けの荒行」ということのみがクローズアップされてしまいますが、行じている本人は、自己を見つめて、ただ日々を精一杯努力していたというだけのことです。

今思えば、かえってそれが良かったのかもしれません。この行をしたらこうなりたいという思いなどがもし少しでもありましたら、純粋な発心《ほっしん》でなくなります。そこには損得勘定が入り、利益を求めてしまうことになりますので、本来の行のあり方ではなくなってしまいます。

自分の人生をふり返り、なぜこの行をしたのかといえば、そのきっかけは、ただなんとなく、といった曖昧《あいまい》なものでは決してありませんでした。幼い頃に千日回峰行を知り、そのときにいだいた行に対する憧《あこが》れみたいなものがだんだんと強くなり、行の世界へと導かれ、今日につながりました。

幼い頃の苦しい生活環境のなかで、皆さんに助けていただいたり、お世話になり、そのご恩にいつか報いたい、少しでも世のなかのために、という思いが行の世界に入るきっかけになったのでした。

大峯千日回峰行は、一日四十八キロの道のりを歩きますので、午前零時半に吉野山を出発し、まっ暗闇のなかを提灯ひとつでせまい山道を歩いていきます。

やがて夜明けをむかえますが、毎年入梅前になると、子育てをしている山鳥が、私の歩く道のまんなかでまだ飛べないひな鳥をかかえて寝ています。もちろん山鳥たちは、そこが人の通る道とは知らず羽を休めていますので、私の姿を見るとびっくりして、四方八方に逃げ出します。

しかし、母鳥は私の進む山道をたどり、十メートルほど歩いて立ち止まり、ふりむいて、私が追いつくとまた十メートルほど歩いてと、同じ動きをくりかえします。そして、しばらくすると飛び立って、ひな鳥たちのほうに帰っていきます。自分がおとりになって子供たちを守っているのです。

誰に教わったわけでもないのに、山鳥はしっかりとした親子の絆で結ばれています。私たちもこのような絆があれば、どんなつらいことでも苦しいことでものりこえられると思います。

よく皆さんから「なぜ苦行に耐えられたのですか」と聞かれます。それは、人と人、心と心の絆があったからだと思います。私たちは親子であれ、夫婦であれ、友人であれ、心と心が通いあい、潤っていたならば、どんな苦しみものりこえられます。逆をいえば、共に苦しみをのりこえるからこそ絆が深まります。

たとえばお母さんが子供を産むときには、命懸けの苦しみのなかで出産します。その苦しみがあるからこそ、親子の絆は深まります。

修行においても、苦しみがあるからこそ、神仏との絆が深まります。そのために行があるのではないでしょうか。

そう思うと、人生においてもいろんな苦しさをのりこえるからこそ人と人との絆や神仏との絆が深まり、生きる喜びが感じられ、また成長できるのだと思います。

もしかするとこれが、人生や、行においてとても大切な心かもしれません。

第二章

心を高めて歩む

恕

逆境に強い心

回峰行者が歩く山道は、一尺（約三十センチ）ほどの道がついているだけです。行者以外はほとんど誰も通りませんので、夏になると道の両側から草が生い茂り、石が転がっていたり、木の根っこが道を横断するように地面から盛りあがっています。

毎年五月のはじめから九月のはじめまで歩きますが、八月に入り梅雨が明けると気温は一気に上がり、その暑さが体力をうばい、極限の状態になり、毎年血尿が出るほど体は弱ります。しかし、ゆっくり歩いていたのでは夕方までに帰ってこられません。

九十日目をすぎると、歩きはじめてからすでに四千五百キロも歩いておりますので、足をあげているつもりでも体力が落ちているせいか、石や木の根っこにつまずいてしまいます。

姿勢を正して、顎《あご》を引いて胸をはって早歩きで歩いていますので、つまずいたときに腰だけが前に行くような感じになり、ピリッとした瞬間、腰に激痛が走ります。何の処置もできませんし、湿布もはれません。痛みをこらえて、次の日も行じなければなりません。一歩一歩が激痛ですが、どんなことがあっても休むことは許されません。

こんなことを何十回くりかえしたのかわかりませんが、こういう不慮の出来事はまるで日常のように次から次へと起きてきます。一日四十八キロ歩くだけでも精一杯なのに、仏さまは「これでもか、これでも心が変わらぬか」と次々と試練を与えてくださり、本当に自分は仏さまから愛されているなと、山のなかで一人、苦笑いをしたときもありました。

しかし、私には逆境になればなるほど強くなる心が小さい頃から備わっているようです。苦しくて苦しくて、どうにもならないような状況になればなるほど、行者としての集中力が増してきます。これは自分のもって生まれた行者としての素質だと思っています。

与えられた才能を磨く

やがて山の行が終わり、山から下りてきて里の行がはじまりました。山の行は心を磨く自利の行、里では皆さんのために行じる利他の行です。かたちは変わってもどちらも同じくらい厳しい行です。

たとえば今は、毎週日曜日、午後一時から慈眼寺《じげん》で護摩《ごま》を修法し、そのあとお話をさせていただきます。それが年間六十五回あります。それに講演を加えますと、三百六十五日ゆっくりしている時間がありません。

一年も前からお約束をしている講演もありますが、一年後の自分の体調がどうなっているのかなどわかりません。時には非常に体調が悪かったり三十九度の高熱のなかで講演にお伺いしたり、今でも、山の行と変わりません。

先日も、歯を手術して口のなかをたくさん縫った状態で名古屋まで行ってお話をさせていただきました。そのときは行で腰を痛めたせいかギックリ腰にもなっていて、激痛をこらえながら新幹線で移動しました。

里においても仏さまは「これでもか、これでも心が変わらぬか」という試練を与えてくださっているようで、いまだに仏さまから愛されているなぁと苦笑いをしてしまいました。

しかし、里に下りてきても逆境になればなるほど集中力は高まり、心のなかが最高の状態になります。それは山の行で、どんな逆境に立たされても妥協しないで精一杯努力し続けていたからだと思います。それが今の自分につながっているのです。

どんな人にでも必ずひとつ、その人に与えられた才能があるといいます。特別な技術につながる才能だけではなく、人に対するやさしさや思いやりなども、素晴らしい才能だと思います。しかし、どんなに素晴らしい素質に恵まれていても、努力を怠ればその本領を発揮しないままで終わってしまいます。

どんな石でも磨けば必ず光ります。人は生まれてきたときにはみんな原石です。その与えられた才能を磨いて磨いて、あの世に行くまで磨き続けることが人生の行であると思います。

時折厳しい行をするということはお坊さんの定めであります。行のなかで自問自答し、自分自身の心を成長させるために、皆さんより少しばかり努力しなければならないようです。これを代受苦《だいじゅく》といいます。皆さんの分まで努力をさせていただき、皆さんの道標となるような生き方を示していかなければならないということです。

これが私たち行者に与えられた定めです。行者ではない皆さんは、日常の生活を送るなかで自分の心のあり方を見つめ直して、それぞれに応じた悟りのあり方を見つけ、それぞれの心を高めていくことを心がけるといいかと思います。

良いことはやったもん勝ち

人生、一にも二にも努力あるのみです。つらいこと苦しいこと逆境をのりこえたときの達成感を味わうと、また、努力したいと思うものです。何ごとも丁寧に、ひとつひとつをあきらめずに努力して、はじめて良い結果が生まれます。楽をして何かを求めようとしても、一時的にはうまくいくときもあるかもしれませんが、決して長続きはしないようです。

「ああしたい、こうしたい、ああなりたい、こうなりたい」と、なんの努力もせずに自分の幸せだけを願っても無理な話ですが、それでも欲しがる心を我欲といいます。欲しいものが手に入らないと、なんとかしたい、なんとかせねばと思ってしまい、他人をおとしいれてまでも自分が良くなりたいという人もおります。

しかし、そのわがままが強くなればなるほど、心が枯れてきます。そんな状態ではとても人を思いやる心などもてません。人と人との絆も薄れてしまい、結局、最後には淋《さび》しい思いをしてしまいます。

コツコツと努力をしていれば必ず良い結果がおとずれます。千日回峰行も、四十八キロの山道をたった一日歩くだけでも気の遠くなるような話ですが、毎日決められたことを決められたように積みかさねていたら、いつの間にか一千日という結果が出ていました。

たった一日足りなくても千日にはなりません。種をまいて、芽が出て花が咲くように、時を待たなければなりません。すぐに結果が出るものでは決してありません。

私がお寺に小僧としてお世話になっていたのは昭和六十二年の春からでした。二年、三年たつと同期の修行僧や後輩たちは皆、行を終えて自坊に戻ったり、また本山の職員として活躍するようになりました。

しかし、行の道を選んだ私は、十年すぎても小僧のままです。大きな法要があるときは、後輩までもが金襴《きんらん》の袈裟《けさ》をつけて本堂での法要に参加します。それを横目に見ながら、私は相変わらず、長靴を履いて春の花見に来られた観光客の方たちが置いていくゴミ拾いです。

たった一人でも境内に弁当箱や空き缶を捨てる人がいると、いつの間にかそこがリヤカー何台分ものゴミの山になってしまいます。それを素手で集めて、燃えるものと燃えないものに分別して、どろどろになって本堂の前を通ると、一人の先輩から「君、法要の日にそんな格好でうろちょろするな」と心ない言葉を受けてしまいました。

そういわれても、誰かが掃除しなければ一体誰がするのだろうと、心のなかで涙しました。こんな話は私の師匠ですら知らないと思います。

日のあたらぬところで努力する

そんな若き日の私を励ましてくれたのが、たまに本山のお手伝いに来ていた伊勢の中井のおっちゃんでした。中井のおっちゃんはいつも私に「やったもん勝ちや」といって、一緒にきたない仕事をしてくれました。

中井のおっちゃんは「俺は昔、あばれん坊でな、半分以上極道みたいやったんや。しかし、ある日、改心して手を合わせるようになったんや」という人でしたが、私の師匠も一目おいていたほどの人格者でした。

私の顔を見るたび、「やったもん勝ちや」といって励ましてくれましたが、私の千日行が満行する前の年のある日、「ワシは亮潤さんの満行は見られへんかもしらんなぁ」とボソッといいました。そのときには気にも留めませんでしたが、私の行が満行する半年前、突然あの世に行ってしまいました。

人生には日のあたる行と、あたらぬ行があります。千日回峰行でも、みんなに「よく頑張ったね」とほめられる日はたった一日だけです。四万八千キロ歩いても、みんなが見る自分の姿はわずか数十メートルだけ。あとはすべて日のあたらぬ行です。

しかし、仏さまはすべてを見ておられます。人が見ていても見ていなくても、努力を積みかさねてはじめて良い結果がおとずれます。努力をせず結果を求めると、人生がとんでもない方向に行ってしまいます。

最近、後輩たちが私の人生を「いいですね」といってくれます。「そうかな」と笑いますが、日常生活は十九歳のときの小僧の生活とあまり変わっていません。私は心のなかで思いました。十年前の私の姿を「いいな」と思った後輩はおそらくいなかっただろうな、と。

人生良いことも悪いことも半分半分、結果を求めず、結果は努力のあとについてくるものです。欲心をもたずに、今、なすべきことをなし、どんな困難なことでもさせていただくという謙虚な気持ちで努力することが肝心です。

なすべきことをなす

誰にでもその日そのときになさなければならないことがあるように思います。その努力を続けていくことが、私たちの人生です。

現在、慈眼寺で修行している修行僧にも頑張って努力してくださいと助言してやることはできても、努力をするのかしないのかは本人の心しだいですので、誰も手をかしてやることはできません。

当たり前の話ですが、自分で前に進もうとするから道が開けます。自分で前に進もうという心がなければ、その場から前進するということはありません。

私が修行道場にいた若い頃もそうでしたが、成長する人としない人の差がどうしても出てしまいます。人生の道を求めてくる人、とりあえずお寺に入ればなんとかなると思って来た人、家がお寺なのでやむを得ず来た人、それぞれの事情があり縁があって、切磋琢磨《せっさたくま》の修行生活がはじまります。

社会もそうですが、お寺はとくに自分の思い通りにならない、わがままが通らないような環境になっていて、そんな生活のなかからさまざまな人間関係が生まれてきます。

相対した人との感情的な対応ひとつひとつをどう受けとめ、自分の成長につなげるかは、まさにその人の努力以外の何ものでもありません。

努力をする人と努力をしない人の差は、目標があるかないかということです。努力が嫌いな人にいくら努力するようにいっても、なかなか簡単には変わらないようです。しかし、誰でも、日々なすべきことをなし、努力できるときに努力をして、努力の貯金をしておいたほうがいいと思うのです。

今日できることは今日のうちに、そして明日の分もできるときに少し努力しておけば、心にゆとりが出てきます。その心のゆとりが、人に対するやさしさとなり、良き縁へとつながって広がりを得ます。

しかし、今日やるべきことを明日にまわしたり、努力が嫌いな人は、「一体、いつになったらやるんだ……」といわれ、努力の借金をしてしまいます。それが積みかさなるとだんだんと心が荒《すさ》み、潤いがなくなって、人に対してのやさしさや思いやりもなくなります。

そうすると、縁も閉ざされ、不平や不満の心になり、感謝の心ももてなくなり、本来の人生の流れではなくなるように思います。

そうならないように、日常のどんな仕事にも受け身にならず、そしてあきらめず、攻めの心でコツコツと努力するほうがいいと思います。そうしていると、心がいつも潤っていてとても充実した、良い人生の流れになるはずです。

目標はどこまでも高く

ひとつの目標に向かってひとつのことを貫き、信念をもって生きるということは、とても大切な心だと思います。あきらめずに歩み続ければ、必ず良い結果がもたらされます。しかし、大きな目標が実現するまでには、必ず紆《う》余曲折《よきょくせつ》があり、それをのりこえてこそはじめてものごとが成就いたします。

十九歳で修行道場に入ったときのことを思い出してみると、とても高い目標と熱い情熱をもち、どんな困難ものりこえてみせるという強い信念をもって修行に励んでおりました。しかし、精神面はまだまだ不安定で、右も左もわからない迷いの世界にいて、日々涙を流し、「なんでなんだろう、なぜなんだろう」と、答えを求めて険しい山中をひたすら歩いていました。

山のなかではつらいこと、苦しいことがたくさんあります。しかし、大自然のなかにいると、小さな草花や虫や鳥たちからもたくさんの気づきを得ることができ、心がどんどんきれいになってきて、とても心が軽くなったような気がいたします。

とはいっても、いつまでも山にいたら仙人になってしまいます。行者とは人知れず山中にいて自己を見つめ、やがて、山での行の期間が終われば静かに山から里に下りて、皆さんのためにお仕えさせていただかなければなりません。

山のなかで行じていると「あれが欲しい、これが欲しい、ああなりたい、こうなりたい」という気持ちはほとんどなくなります。しかし、里に下りてくれば、また、いろんな人とのかかわりあいのなかでの生活になります。人それぞれの喜怒哀楽の感情を受けとめながら生きていかなければなりませんので、山の行で気づいたことをいかに里の行でいかすことができるかが大きな問題になります。

たとえば、自分にとって嫌いな人と出会うということは誰でも苦しいことです。「それを克服しよう」と、頭ではわかっているものの、心のなかではなかなか克服できないものです。

人は誰でも心と言葉と行いを慎み、人生を見極めていかなければなりません。しかし、「あれが欲しい、これが欲しい、ああなりたい、こうなりたい」という自分本位の欲が強い人と出会ってしまったときには大変なストレスを感じてしまうものです。

ゆるす心が人生を変える

自分が何もしなくても濡《ぬ》れ衣《ぎぬ》を着せられたり、おとしいれられたりということは、世間ではよくある話です。

しかし、神仏にお仕えする者の場合にはそういう人をもわけ隔てなく受け入れられなければ一人前ではありません。単なる「この人は好き、この人は嫌い」というレベルではなく、難しい人間関係も克服しなければ、本当の意味での行の成就とはいえません。もちろん、自分自身もすっきりしませんし、自分自身から出る雰囲気で、神さまや仏さまからも、皆さんからも認めていただけません。

心が清く正しくありたいと願い行じていても、人から受けた苦痛によって、逆に相手をうらんだり憎しみの心をもったりすれば、自分が正しくなくなります。

人間関係の行はとても険しいものですが、それをのりこえると、まるで嵐がすぎ去ったかのように心がおだやかになります。そのとき自分を取り巻く環境が変わったのかといいますと、何も変わっていません。では何が変わったのかといいますと、自分の心が変わったのだと思います。

どんなことがあっても相手をゆるす心、相手を嫌わず広い心でゆるすという寛恕《かんじょ》の心がまわりまわっておだやかな心となり、人生を変えるのです。

相手に対し、つめたい言葉をかければ、まわりまわってつめたい言葉が返ってきて自分自身も苦しみます。やさしい言葉をかければ、まわりまわってやさしい言葉が返ってきて心が潤います。人を思いやる心があれば、人からのやさしさを受けることになります。良いことをすれば良いことが返ってくる、悪いことをすれば悪いことが返ってきます。

こんな当たり前のことができずに苦しんでいました。

山の行をふり返ってみますと、すべて自分の心が本来のきれいな心になるために神仏が与えてくださったのだなと心から感謝いたします。人として道理に合わない心であれば苦しくなるのは当然であり、正しい心であれば迷いや苦しみもないということです。しかし山の行は終わっても、人生の行は続きます。

もうこれでいいと思ったときには、すべての旅は終わります。しかし、最後の一息まで歩み続けるからこそ人生の旅は続きます。

第三章

強くしなやかに

正

強くしなやかに生きる

風速五十メートルを超える嵐がすぎ去った日、山に行くとたくさんの若木がなぎ倒されていました。そのそばで小さなコスモスの花が咲いていました。

人の心もただ強く堅いだけでは、いつかは疲れてポキッと折れてしまいます。いろんな夢や目標に向かって突き進むときには、ただ強くなければならないと自分を厳しく律していきますが、そういうときの心にはゆとりがなくなっている場合がありますので気をつけなければなりません。

若い頃は勢いがありますので、心でわかっているのに人にやさしくできなかったり、やさしい言葉や笑みもうまく表現できなかったりして、まるで山のなかで一人嵐に立ち向かっているような厳しい表情や強さだけで日常をすごしてしまいがちです。

しかし、それでは周りの人も厳しい嵐のなかに巻き込んでしまうことになり、みんなを苦しめてしまいます。自分を支えてくれるみんなの心が疲弊《ひへい》すれば、自分の心にも潤いがなくなり、今までの自分の努力に虚《むな》しさを感じ、挫《くじ》けそうになってしまうのではないでしょうか。

いろんな夢とか目標に向かっていくときには、芯《しん》の強さがなければなりません。しかし、その厳しさを心のなかにとどめながら、同じ心のなかにあるやさしさも表現しなければなりません。

本当の強さとは

どんなに勢いのある若木でも、大風が吹いたらポキッと折れてしまうことがあります。しかし、山のなかで咲いているコスモスは、どんな大風が吹こうとも倒れません。私たちも強くしなやかに成長しなければならないと感じます。

樹齢何百年といわれるような大木でも、小さな双葉からはじまり、春夏秋冬をのりこえ、年輪をかさねるたびにゆっくりと大きく成長し、深く深く根を下ろします。その姿は、人生と共通するところがあります。

いろいろな迷いや苦しみという嵐を経験しながら、少しずつ大きく成長し、やがてたくさんの実りをなして、皆さんに喜んでいただくということは、まさに一本の木の生涯に通じるものがあります。大きく成長するためには、天に向かってまっすぐに伸びる、内に秘めたぶれない強みをもつことです。

そこに弱みがあったのではいけません。人から見えない根っこのところで悪いことをしていたり、何かうしろめたいところがあると、自信もなくなり、自分の成長の妨げになってしまいます。

では強みとはなんでしょうか。それは、清らかなる心とやさしさです。これ以上の強みはありません。この強みさえあれば、どんな困難にも挫けることなく、またどんな苦しみも幸せに変えられるように思います。これが本当の強さです。

この芯の強さをもって大きく大きく成長し、何百、何千、いや何万の鳥たちが羽をやすめても、動じない大きな木になる。それが本当の強い木です。

そしてやがていつの日か寿命を全うし、倒木になったときには、次の世代の若木たちの肥やしになるような人生を歩めたら、とても素晴らしいことだと思います。

人生の天気とは微妙なもの

朝、目がさめたときに雲ひとつない快晴の日もあればどんよりした曇りの日もあります。それによって私たちの心も晴ればれとした気持ちになったり、いまひとつ気持ちがのらなかったりと、その日の天気に左右されるときもあります。

また、長い間雨が続くと、早く晴れないかなあとテルテル坊主を軒下にかけて晴天を祈ったり、また逆に日照りが続くと雨乞《ご》いをしたりと、ちょうど良い塩梅《あんばい》を願いますが、なかなか自分の思った通りにはならないようです。

明日の天気はどうなるかなと思い天気予報を見たりしますが、このように便利な時代になりましても、天気予報があたる日もあれば外れる日もあります。今までの雲の動き、あるいは気圧の変化など、過去のデータはあるでしょうが、なかなか天気を百パーセントあてるのは難しいようです。

高気圧と低気圧は、交互に入り乱れて流れているそうですが、おおげさにいうと、その流れは蝶が飛んだだけでも影響があるといわれるぐらい変わりやすいそうです。

これは、私たちの人生も同じで、明日のことを予測しても、なかなか自分の思い通りにはなりません。また、ひとつの目標に向かい万全を期したとしても、思いもよらぬ出来事が起きたり、まさに天気と同じで、晴れる日もあれば雨の日もあり、いろんなことがその日の流れでめぐりめぐってきます。

また、それによって自分の気持ちも、どうしてもその状況によって左右されやすいものです。悪いことがあると、「なんて自分は不幸なんだろう」と憂えてしまったり、思い通りにならないと、「どうしてなんだろう、なぜなんだろう」と不満や愚痴をいい、良いことだけを望みます。

悪い出来事を心の成長のためのものと受けとることができずに、人生の行をおろそかにしていることもあります。

嫌なことや、思い通りにならないことがあっても心を曇らせることなく、ありのままに受け入れて、自分の心が左右されないようにすることがとても大事です。そして一定のリズムで生活できたとしたら、どれだけ幸せなことかと思います。

心と心のキャッチボールを

人生においては良いことも悪いことも半分半分です。晴れの日もあれば雨の日もあるように、人生の天気というのも本当に微妙なものです。たった言葉ひとつで、それまで良好だった人間関係が崩れたり、ちょっとした態度で人を傷つけてしまったりしてしまいます。

私たちは一日のなかでたくさんの人と出会います。そのときどきに、向かい合った人同士の心の状態が良いときもあれば、悪いときもあります。あるいは、体調の良い日もあれば、悪い日もあります。そういうバイオリズムのなかで、心と心のキャッチボールをしながら生活していかなければなりません。

うまく相手に自分の思いが伝わるときもあれば、伝わらずに涙することもあります。たった一言でけんかにもなれば、また逆に縁が広がる場合もあります。

たとえば、朝、目をさました瞬間にとても気分が良く、体調も良い日に、出会う家族や友人に元気よく「おはよう」と気持ち良く声をかけたとします。それにこたえて相手が同じように元気に「おはよう」と返事を返してくれたら、とても気分が良くなり、話も弾みます。

しかし、反対に返事がなかったり、暗く低い声で「おはよう」と返ってきた場合には、自分の心まで気分が悪くなってしまいます。またそのことに不満を感じて相手を責めてしまえば、逆に相手から「気分が悪く体調も最悪なのになんでそんなことというの」といわれ、けんかになってしまうこともあります。

このように、言葉ひとつで一瞬にして人間関係は変化します。これは蝶が飛んだようなことで天気が左右されるのと同じようなものです。

家族や会社での人と人との関係も一瞬一瞬がとても大切です。十年間努力を積んだとしてもたった一瞬をおろそかにしてしまい、思いもよらぬほうにいってしまうこともあります。

誰でも心のなかが晴れているときもあれば曇りの日もありますが、心の芯までは曇らせずに、いつもほがらかに生きていくことが、明日の自分に、また良き人生につながっていくことだと思います。

一を貫く難しさ

「初心、忘るべからず」という言葉がありますが、何ごとも基本からはじまり、応用に進み、そしてまた迷いが生じて基本に立ち返るものです。そういう経験は誰にでもあると思います。

基本とはそれに基づいてものごとが成り立っているということですので、その基本から外れた応用は理に反します。ですから、正しくないものには、迷いや苦しみが生じてしまいます。

私たちが何かをしようと思い立ったときの心には邪念や私欲がなく、とても清らかです。お坊さんでも、修行がはじまったばかりの小僧の頃はとても純粋に、日々の修行に専心しております。

しかし、いつまでも掃除ばかりしていればいいというわけではありません。

日を追うごとに、そして年月を積みかさねるたびに、行の内容もいろいろと変化してきます。

また、新しい修行僧が入山するたびに、席次《ざじ》が上座に変わります。立たされた立場が変化することによって、周りの人とのかかわりあいも変わり、悩みが生じる場合もあります。

そのひとつひとつのものごとをどうとらえ、どう判断するかを、仏さまはすべて見ておられます。自分勝手に生きてしまう人もいれば、良い心と悪い心のにらめっこをしながら努力している人もいます。すべては自分の心が決めることです。

何ごともはじめたばかりの真剣な心構えを忘れることなく生きていくことができたらいいのですが、長い期間になりますと、つい損得勘定をしたり怠け心をおこしたり慢心になったりと、初心を忘れてしまいがちです。

回峰行の最中に書いていた手記の中にこんな文章がありました。

「何事も地道に信念を貫き通すこと。この辺で飛び出してと思うときはまだ三分か四分。ここで飛び出して人生裏目になることが多い……」

【大峯回峰八〇三日目】

年間約四か月、約百二十日を山の行と定め、一日四十八キロの道を歩き通しますが、はじめのうちは、もう何日たっただろうかなど気にせず、一心に歩いております。しかし、しばらくしますと、「結構日数をかさねただろうな、もうすぐ半分ぐらいまで来るだろうか」と日数をふり返るようになります。実際はその時点でまだ三割か四割をすぎたところなのですが、もう半分ぐらいは来たような錯覚におちいっています。

百里を行く者は、九十里を半ばとす

何ごとも地道に信念を貫くということは根気のいることで、油断をすると大変なことになってしまいます。そうならないように「百里を行く者は、九十里を半ばとす」と心のなかにしっかりと刻んで行じます。

何ごともあともう少しというところをのりこえ、初心を貫徹することは難しいことです。つい油断してペースを崩し、最後は腰砕けに終わってしまうことがしばしばあります。そのため、ほぼ終わりに近い九割を半分と思うくらいの心がけが大事だということです。

すべては一からはじまりますが、この一を貫いて、ひとつのことを極めるということはかなりの覚悟が必要になります。

何ごとも経験を積めば馴《な》れが出てしまいます。しかし、馴れても初心の頃の情熱だけは忘れてはなりません。初心の頃は、未熟であるものの、そのことだけに心を注ぐという純粋な情熱があります。長い間の馴れというものはこわいもので、体はここにあっても心はふわふわとどこかに飛んでいって、心ここにあらずということがあります。

しかし、それではいけません。一という初心を貫き、心をそこに止《とど》めることによってはじめて正しい心となるのです。これがものごとを成就するときの基本になります。

その場からはじめる

人生を清く正しく生きてみたいと思うのは、誰でも理想とするところであると思います。

しかし、自分が変わりたいと願っても努力を怠ったり、自分の我を捨てなければ変われないと思っても捨て切れずにいたり、あるいは心がともなわずに知識だけを頭につめこみ、物知りの段階でとどまり、他人《ひと》を責めてばかりいたりして、なかなか実践がともなわず、成長がない場合があります。

しかし、時の流れは人を待ってくれません。いったん自分が変わりたいという理想をもったら、その日そのときから努力をはじめることが大切です。何も努力をしないで「わからない……」と悩むのと、一歩前に踏み出してわからないことに挑戦している人は大きく違います。
清く正しくありたいと一念発起したら「思い立ったが吉日」です。ためらうことなく、人それぞれの環境のなかで、心を最高の状態に整えるために試行錯誤の道を歩み出すことが、自分が変わる一番の近道です。

ある日、在家の知人が二人ほど友人を連れてお寺に来ました。その知人がこの友人は、「ちょっと修行が足りないのでお寺で何か月か預かっていただき修行させてください」と笑いながらいいました。もちろん半分は冗談でいったことだと思いますが、他人からいわれなくても仏さまの引き合わせがあり、定めのある人は、縁に導かれてお坊さんになります。

しかし、人はそれぞれに与えられた環境のなかで人としての道を修めることが行であると思います。かたちばかりお坊さんになったからといって、どうにかなる問題ではありません。

心という畑を耕す

私が住んでいる村は熊や猪も出るような田舎ですが、お坊さん顔負けの徳を備えたおじいちゃんやおばあちゃんがいます。仏教や人間学を勉強したわけでもありません。大自然の厳しい環境のなかで野山を切り開き、耕して、子育てをしてきた人間としての強さが全身からにじみ出ています。畑に立っているおじいちゃんやおばあちゃんの姿を見ていると、人としてあるべき姿を感じ、自然に手を合わせているときもあります。

私も、毎年春になりますと畑で野菜をつくります。何もないところからはじまり、肥料をやり、畑を耕し、土づくりをします。そして、自分で今日は種をまこうと思ったときに種をまきます。

より良い収穫を望みますが、何もせず、ほったらかしでは良い実りは期待できません。追肥《ついひ》といって、肥料をたさなければ大きく成長してくれません。また畑にはいろいろな草の種が飛んできますので、草刈りもしなければなりません。

常に手入れを心がけている畑はとてもきれいですが、手を抜いていると、すぐに荒れた畑になってしまいます。そして、すべての努力は実りという結果として現れます。

私たちの人生も、心という畑を耕し、良い心を成長させなければなりません。そして、人生の学びという肥料をたくさんやり、常にきれいな畑であり続けるために、必要のないものは捨てなければなりません。

そして、常にきれいな心の状態を保ち、たくさんの実りを得て、皆さんに喜んでいただけるよう努力をしていかなければならないと思います。

一年の畑仕事を通しても、人生とかさなるところが多くあることに気づかされます。

人生とは一体なんなのかと頭で知ろうと思って学んでも、知識だけが増すばかりで心がともなわなければ、人としての成長はありません。雨の日もあれば風の日もあり、暑さ寒さを耐えて成長するように、一歩踏み出せばひとつの壁にぶつかり、その壁をひとつひとつのりこえるからこそやがておだやかな心が授かります。

すぐにそうなりたいと思っても、種を植えて一日で咲く花はありません。やはり清く正しくありたいと願い、辛抱することが肝心です。

この辛抱という言葉ですが、一説には「心法」からきているといわれ、心の修養を意味します。「わからない、面倒くさい」と努力を怠れば、あっという間にまた元の位置に戻ってしまいます。

人生とは大きな山の坂道を登るようなものです。これはなかなかたいへんな山であり、とても大きな行です。努力をすれば必ず良い結果が出ます。人生は生涯努力あるのみです。清く正しくあり続けたい、そう思い立ったそのときから、すべてがはじまります。

第四章

まっすぐな心

清

悪しき心のモグラたたき

山を登るときには、かなりの時間と労力を必要としますが、同じ道を下ってくるときにはわずかな時間しかかかりません。しかし、私が回峰行を行じさせていただいたときには、下りの時間をしっかりとって歩いておりました。それはなぜかといいますと、ケガをしないように気をつけていたからです。

登りでケガをすることはほとんどなく、大体ケガをするのは下りです。下りでは体力を使わないかわりに集中力が必要になります。気を抜いて早く帰りたいとあせってしまえば、ころんだり、足をすべらせて谷底に転落したりと、大きなケガにつながりかねません。

「上り一日下り一時《いっとき》」という故事があります。ものごとをなしとげるということは時間も労力もかかりますが、それを崩すのはあっという間です。

また、「登るに険しき、落ちるにたやすき人の道」という言葉があります。たとえば、世のため人のために十年間精一杯努力してきても、十年目にたった一日、あるいは一回でも人の道から反したことをしてしまったなら、その十年間の努力が台無しになってしまいます。情熱をもち、功徳を積みかさねるのはとても大変なことでありますが、手を抜いてしまえば、それこそ下り坂をころがり落ちるように、あっという間に落ちてしまいます。

長い人生、上り坂あれば下り坂あり、栄えるときもあれば衰えるときもあります。調子のいいときには気持ちが前に出ていて、明るく努力していますが、いったん調子が悪くなったときには心が暗くなり、自暴自棄におちいって、人としての道を踏み外してしまうおそれがあります。自分の思い通りにならないことがあると、「なんで自分だけ」とふさぎこんでしまったり、他人が良くなればひけ目を感じて嫉妬《しっと》心が出たりします。

しかし、自分の置かれている立場を悔やんでもしょうがありません。また、自分が受けている苦しみを「あの人が、この人が」と、他人に矛先を向けてもなんら良い結果が出るわけではありません。

みずから発したうらみや憎しみの感情はまわりまわって自分に返ってきますので悪循環になるだけです。

そんなときはむしろ、自分の心を反省し、生きる命を授かったことに感謝をし、人が良くなったのを見たら素直に自分のことのように喜んであげることです。そして自分はもっと努力しようと思えばいいのです。それが次の展開につながっていくものです。

清らかなる心にまさるものはありませんが、世界中、いろんな心の状態の人が渾然《こんぜん》となって生きる命を授かっております。心清らかな人、そういう状態ではない人、慎んで生きている人、そうでない人がおります。しかし、神さまや仏さまはどんな人にもいつもやさしく微笑んでくださっています。

私たちにとって、与えられた環境から起こる喜怒哀楽やさまざまな感情をどうコントロールしていくかが生涯の行になります。いついかなるときでも邪《よこしま》な心を修めて、慎み深く生きていくことが人生の行であり、この悪《あ》しき心のモグラたたきを、生涯を通じて、登り坂を上るようにゆっくりと最後の一息まで行じていかなければならないのではないかと思います。

清らかな心

いつどんなときでも心が清らかでありたいと願うものであります。先日、子供たちの心というのはとても純粋だなぁとあらためて思うことがありました。

ある中学校から「生命の尊さについて全校生徒にお話をしていただけませんか」ということで、一時間半ほどお話をさせていただく機会がありました。お話が終わり、質問の時間となると、生徒さんが次々と手をあげ、質問をしてきました。

最初の生徒さんは「人生ってなんですか」といいました。

次の生徒さんは「和尚さんは昔、虫を殺さずに修行していたということですが、自分は虫を殺してしまいました。どうしたらいいでしょうか」。

また、ある生徒さんは「一所懸命頑張っていても、もし万が一挫折した場合に、どれだけ自分が下に落ちてしまうのでしょうか。本当の底辺まで落ちてしまうのですか。あるいは、中間ぐらいで止まるのでしょうか」。そして、最後の生徒さんは「私は昔悪いことをしたんですけれども、どうやったら罪を許してもらえますか」と聞いてきました。

大人の会場とはまるっきり違う、純真な心で、真剣に人生を考える質問が次から次へと飛んでまいりました。

この現実を私たちが受けとめたときに、純粋なる心が一番だ、この純粋な心こそが困難をのりこえる原動力となり、どんな不可能なことも可能にしていくものだ、と再認識しました。とかく「今の若者たちは……」「今の時代は……」といわれますが、この子供たちの清らかなる心を私たちがしっかりと受けとめ、そして大切に育てていかねばならないとあらためて思います。

さて、「悪いことをしてしまったときに、どうやったらその罪を許してもらえますか」という質問が投げかけられたとき、私は次のようにお答えしました。

誰でも生きていれば、知っていて、あるいは知らず知らずのうちに、あやまちをおかしてしまうこともあります。そのときには心深く懺悔をすることです。懺悔とは「もう二度と同じあやまちをいたしません。本当に申し訳ございませんでした」と心から謝るということです。

「ごめんなさい」という言葉だけではなく、神仏や相手に対して、心深く自分の気持ちを素直に伝えることです。こういう姿勢を示すことです。言葉と心がともなってはじめて「ごめんなさい」という心が相手に伝わります。

心をこめて謝ること

今、人に謝るということの大切さが世のなかで問われていますが、人に謝るということは、一体どういうことなのでしょうか。

言葉で「ごめんなさい」ということも大切ですが、それ以上に「ごめんなさい」という気持ちを相手の心の奥深くまでお伝えさせていただくという気持ちがなければ、この「ごめんなさい」という気持ちが伝わることはありません。

人間というものは、心は見えないからといって、決してごまかされるものではございません。不思議なもので、本当に心から発した気持ちのこもった言葉なのか、そうでないのかということは、その人の指先や髪の毛からも、その雰囲気が感じとれるものです。

それは、大人だけではなく子供の目ですらごまかすことはできません。

「本当にごめんなさい」という場合には、自分をどの位置において謝るのかが問題になってきます。

相手がいて、自分がいた場合、「本当にごめんなさい」と相手より自分を低いところに置いて謝るのか、あるいは、相手より上から謝るのか、その姿勢はそのまま相手の心に伝わるものです。

たとえば、謝らなければならない相手がたまたま嫌いな人だったり尊敬できない人だったらどうでしょうか。そんなときでも、つまらない我を捨てて、心から申しわけなかったと、心の底から反省し謝ることが大事なのです。

その心が相手の心に伝わった場合には、相手の方も、もうそれ以上責めることはないと思います。


長い人生のなか、たとえ失敗してしまったとしても、生きているかぎりは、やり直しもきけば、よく反省することもできます。

そして、その経験により成長し、また皆さまのお役に立つこともできます。人生というものは本当に素晴らしいものです。ちょっとした心や言葉の使い方によって、みんなが幸せにもなれば不幸にもなります。

せっかく命を授かっているのですから、この心と心のキャッチボールをより良い方向に向けていかねばなりません。

そうすれば、自分自身の発した言葉によって、家庭が幸せになり、職場が幸せになり、学校が幸せになり、より良い国になり、そしてより良い世界になるはずです。ひとつひとつは小さな花でも、だんだん、だんだんと輪が広がっていって、幸せの花がたくさん咲き乱れる世界になると思います。

きれいなもの、清らかなものは、遠くはるかかなたにあるものだと思っていましたけれども、行じてふり返ってみると、そしてまた自分自身の周りを見渡したときに、「こんなことが、あんなことが。こんなに近くにあったんだ」と、あらためて思うものです。

自然律にしたがって生きる

私たちの社会には、守るべき規律があるように、自然にも法則があります。そして、私たちは、その自然の律に順応し、生活しています。

先日、海外によく行く横浜の友人から、無事に帰国しましたという連絡がありました。その折に彼はこういいました。「海外に行くたびに日本は素晴らしい国だと感じて帰国します。四季があることに感謝します。仙台は、桜はまだ咲いていますか」と。

また、もう一人、福岡でたくさんの柿をつくっている友人はこういいます。「柿というのは春に花を咲かせ、実を結び成長し秋には大きな実りをなします。その姿は、ある意味、人の人生を一年という短い期間に凝縮しているようです」と。

このように、春夏秋冬、そして栄枯盛衰のなかに生きることは、私たちにとっての「定め」です。この世に生を受けたときから、このような自然の律に合わせて生きていかなければなりません。

この世に生まれて、気づいたときにはすでに人生というものがはじまっていました。そして、やがて年老いてあの世に行く確率は百パーセントです。時期がくれば小学校から中学校に行き、そしてまた高校に行かなければならないように、その日、そのときがくれば、私たちは自然にあの世に行かなければなりません。

やがてその日がきたときには、心おだやかに手を合わせ、胸をはっていられるように心の修養をするべきところ、それが人生という道場なのかもしれません。

そう思いますと、今日という一日はとても大切な時間であり、一分一秒も無駄にできません。一瞬一瞬の心の動きを大切に生きていかなければなりません。

とはいえ、修行がはじまったばかりの若き日の頃を思い出しますと、「今日は暑いなぁ、寒いなぁ、花が咲いた」と思うくらいで、自然の律を感じる心もなく、ただお寺のなかで規律正しく生きていくことだけで精一杯でした。心のなかにも、わがままの我がたくさんあったように思います。

その我を取りのぞいて、自然の流れのなかで調和して生きていけるようになるために、朝起きてから寝るまでの一日の規則正しい修行を通して、同じことを同じようにくりかえし行じさせていただいたのではないかと思います。

しかし、自分という自我を出さずに慎んで生きていくという、こんな当たり前のことがなかなかできません。

本来であれば、誰でもまっすぐな心をもっているはずなのに、長い人生の間に曲がってしまう部分が出てくる場合があります。それを本来の状態に戻すために、修行道場に入ったり、本を読んだりして、心の修養をし、日常の心のあり方や生活をあらためます。

しかし、長い期間にわたり曲がったものをまっすぐにするには、それ相当の期間や努力が必要となります。人は変われるかというと、必ず変われると思いますが、なかなか簡単には変われないのが私たちの心です。

誰にでも自我がありますので、自分で悪いと思っていても、人から指摘されるとなかなか認めたくはありません。そこがおかしいよ、駄目だよといわれても、その悪い部分も自分の一部ですので、なかなか反省できません。お寺での小僧生活はそんな段階からはじまります。

苦しみのなかで気づくこと

十九歳のとき出家をし、得度をして仏門に入りました。そのときに、師匠からこんな話を聞かされました。

「人は誰でもいろんな罪業《ざいごう》を背おって生きているのだ。それは人生のなかで知っていておかすあやまち、また知らずしておかすあやまち、それを取りのぞくのはただ懺悔の力のみ」

人は、自分の心や行い、そして言葉によって悪い結果を生むようなことになってしまう場合があるので、それに対して心から反省しなさいということです。

要するに、良いことをすれば良いことが返ってくるが、悪いことをすれば悪いことが返ってくるので、素直で謙虚な心をもって正しい道を歩まなければならないということです。そうしなければ生涯、自分の悪い行いが影のようにつきまとい、まわりまわって自分で自分を苦しめてしまうことになります。

本当によくできた決まりごとです。やはり努力をしないで結果を得ようと思っても無理なことなので、真剣に悩み、真剣に苦しむ修行の現場は、ある一時期はとてもつらく厳しい状況に追いこまれます。はじめは右も左もわかりません。ただ無心で何も考えずがむしゃらに行じているという感じです。

昔の修行道場やお師匠さんは厳しく、ほめられることなどほとんどありません。常に叱《しか》られてばかりで、あれも駄目、これもいけない、ここがおかしいと、おそらく仏さまが人を介して鍛えてくれているのだと思います。

また、まっすぐに生きようとしたために角が立ち、自分が正しいと思ってただ力強く突き進んだがゆえに涙したことが何度もありました。たくさんの皆さまにも迷惑もかけたかもしれません。しかし、波風なく、うまく立ち振る舞う生き方だけはしたくありませんでした。

真剣に悩み、真剣に苦しんだことにより、いつの日か、自分の心のなかがとてもおだやかになっておりました。気がつくと忘れて、捨てて、ゆるして、喜びながら、ありのままに生活をさせていただいている自分がいることに気づきました。

修行というのは精神的に苦しいときもあるかもしれません。しかし、まだ気づかぬ大自然の律を理解するために、道場に身を置いて、ある一定の規律にしたがい毎日同じことのくりかえしのなかで、少しずつ悪いところを削って、一番自然に近いかたちの自分になるためのものだったと思います。

あるいは、私たちの人生も、その律に気づくために、いろいろなつらいことも、苦しいこともあるのだと思います。何不自由のない環境ばかりでは、反省し、そして感謝の心をもつということはできません。

わがままという自分の我を通さず、自然の流れに逆らわず、そのような自分になるために、規則正しい生活をしなければなりません。

それはなぜかといいますと、昔から同じことを同じように情熱をもってくりかえしていると、悟る可能性があるといわれているからであります。

飛べる間は、飛べ

朝、目をさますと「さて、今日も生きているな、しっかり頑張ろうか」と思い、動き出します。やはり人間ですので体の重い日もあれば、つらい日もあります。しかし、苦しくても生きているうちが花です。命を授かっているほんのわずかの時間を大切にし、心ある行いをもって心の成長を願うばかりであります。

よく「なぜ生きるのでしょうか」「人生とはなんなのでしょうか」と聞かれますが、私も二十代の頃、なぜなんだろうなと悩んでおりました。

たとえば、その日はたまたま気持ちよく心明るく生きられたとしても、次の日には、いろいろな予期せぬ出来事にめぐりあい、「なぜなんだろう、どうしてなのだろう」と、日々の人間関係のなかで迷い苦しむ時期もありました。

それは自分に都合のいい答えをつくり出そうとするから、納得がいかないのです。現実を受けとめ、地に足をつけ、一日一日を正しく大切に積みかさねていくことです。正しく生きることを心がけて生きていれば、その反応がやがて自分の人生として確立され、生きる喜びを得て、さらに成長するものです。

人生とは、鉛でできた下駄を履いて急な階段を一歩ずつ上るようなものだなぁと感じます。立ちどまれば進みませんし、気をゆるめればすぐに下がってしまいます。とにかくわかってもわからなくても清く正しく、ただ一段一段ぼちぼちと上っていくしかありません。

それは私たち人間ばかりではありません。大自然のすべての生きものが生きられるだけ生き、やがてあの世に帰ります。

人生を論じる暇はない

先日こんな出来事がありました。奈良の師匠になぜか電話をしたくなり、電話をかけました。すると、その前の日に救急車で運ばれ入院されたと聞きました。

それまでも同じようなことが三回ばかりありました。師匠が倒れるたびに、なぜか電話をしたくなるというのは、師匠と弟子の絆が深いゆえの虫の知らせかもしれません。お互いの人格をぶつけ合い、互いに成長させていただきますので、何か目に見えないものでつながっているのではないかと思います。

昔は元気で、こわくて、たくさん叱られ、お世話になった師匠でした。しかし今は、何度もの手術と入退院のくりかえしで、お見舞いに行きますと、ベッドに横たわり点滴を受ける師匠がいます。

命懸けの行を行じた師弟というのは、生と死に関する感覚が少しおおらかです。ですから、こんな会話も平気でしています。

師匠は見舞いに行った私の顔を見るなりいいました。

「おう、死にかけとんねん」

それに対し私は申しました。

「そうですね、もう、十五年二十年は無理と思われますが、もう少し大丈夫そうですね」

「そうか」

「大丈夫です。人生とはあっという間ですから、私もじきに師匠と同じ姿になります」

師匠は笑って、

「そうやそうや、今に君もわしみたいになるで」

そういうと顔色が良くなり
「自分は病気やけど、病人にはならん」

といわれました。その言葉を身をもって示されておられます。

普通ならばあり得ない会話ですが、長年の間に培った師弟関係ゆえに成り立つ会話なのかもしれません。

そのレベルで「人生とはなんなのか」「なぜ生きるのか」という問題を考えますと、人生を論じる暇などない、今このときを生きていかねば、と思います。

長い人生を生きていれば、つらいことも苦しいこともたくさんあるでしょう。また、今日はちょっと疲れたなと思い、気が滅入《めい》るときもあるかもしれません。そんなときに、私は山頭火の言葉を思い出します。

「トンボが、はかなく飛んできて、身のまわりを飛びまわる。飛べる間は飛べ。やがて飛べなくなるだろう」

人間もトンボに負けていられません。「つらい、しんどい」なんていっていられません。努力できるうちに努力して、生きられるだけ清く正しく生きようと思います。やがてすぐにあの世に飛び立つ日がやってくるのですから。

第五章
すべては自分しだい

真

すべては心しだい

回峰行では、毎朝出発するのが午前零時半すぎで、まっ暗闇のなかを提灯《ちょうちん》ひとつで険しい山道をたどっていきます。提灯のあかりが消えると、まるで目をつぶっているかのようで、何も見えません。しかし夜明けをむかえる頃になると、自分の足もとや、周りの景色、そしてきれいな花や鳥や虫たちがだんだんとよく見えるようになってきます。

やがて、おてんとうさまが昇《のぼ》り、夜が明けても山の険しさには変わりありませんが、とても歩きやすくなります。

これは迷いのなかで行じていた心の世界と、行を終えた今の心境とよく似ています。

暗闇のなか、手さぐりで迷いながら模索していたときには何も見えませんでしたが、行を通じてあることに気がついたときから、まるで夜明けをむかえたかのごとくに明るい世界で周りを見ながら自己を見つめ、一歩一歩前に向かって歩めるようになりました。

そのように変わるきっかけとなった〝あること〟とは、とても簡単なことでした。自分が相手に対して思いやりを与えるから、まわりまわって思いやりが返ってきます。また、どんな人も受け入れる心があるから、自分もみんなから受け入れられます。

こんな当たり前のことに気がつき、それが実践できるようになってから、人生が百八十度変わりました。心のなかにあったモヤモヤとした気持ちが消え、すべてが感謝となって、まるで心のなかにおてんとうさまが昇ったかのように、すべての人がとても大切な存在に思え、また鳥や、動物たちや、一木一草にいたるまで、共に生きているという喜びを感じます。

「こうかなぁ、ああかなぁ」「自分の心はどうやったら良くなるのかなぁ」と、まるで先が見えないまっ暗闇を手さぐりで進んでおりましたけれども、何ごとも根気よく丁寧に、そしてあせらずにぼちぼちと歩んでいたらとてもおだやかで、安定した明るい心がもてるようになりました。

どんなことがあっても最後まであきらめずに歩んできたから今があり、この心と出会うことができました。そして、今日という日を踏み外すことなく、一歩一歩前に向かって歩むからこそ、明日につながっていきます。

一挙手一投足が人生に反映される

人それぞれに幸せの価値観は違うと思いますが、私は、いつどんなときでも「今が一番幸せ」と思うようにしています。他人から大変だなぁ、つらそうだなぁと思われても、自分が幸せだと思ったら幸せです。反対に、自分は不幸せだなぁと思ったら、その瞬間に暗く不幸な日々がはじまります。すべては心しだい、考え方しだいです。

人には、それぞれに与えられた環境のなかで、なさなければならない役目があります。それと同じように、それぞれの立場で、またそのときどきに応じて努力しなければならないことがあります。そのときに一番大切なことは、自分がどう判断し、どのような心構えをもつかということです。その結果が自分の人生となり、明日の自分につながります。

たとえば、仕事においても、人の見ているところだけ、あるいは注目されるところだけで頑張るという心構えではいけません。朝、目がさめてから、夜寝るまでの間の行いや、人に対しての態度、そして言葉づかいなど、一挙手一投足を大切にできるかどうかがその後の自分の人生に大きく反映されてくるのではないかと思います。

与えられた環境のなかで、いろいろな状況のなかで、清らかな心をもって正しい行いをして歩んでいかなければなりません。

しかし、時折ふと、心のなかに「自分だけが幸せになりたい」「人からよく思われたい」という気持ちが芽生え、つい人の道に反した行いをしてしまったりすることがあります。

人は誰でもひとつの目標をもち、より優れた状態をめざそうとする向上心をもって努力していますが、桃栗三年柿八年といわれるように、その時期がこなければ実を結ぶことはありません。どんな状況のなかでも感謝をし、清らかな心で、正しく歩んでいけば必ず良い結果がもたらされるのに、つい欲が出てしまい、あやまった判断や、正しくない行動をしてしまう場合があります。

そこに早く気がつき、正しい道を歩むことによって、人は成長するのでしょうが、この自分だけが良くなりたいという自己の利益のみを欲する欲望を捨てることは至難の業のようです。

修行の世界でも、常に「精一杯努力したい」と思って行に励んでいますが、心の成長というものはとてもゆっくりとしたものですので、結果はなかなか出てまいりません。

どんなときでも初心を忘れず、損得を考えず、心身を正して、流れのなかで清く正しく生活していけばよいのですが、長い間には初心を忘れ、「お師匠さんから良く思われたい」「お寺のなかでいい役職に就きたい」などと欲をもってしまい、ついうまく立ち振る舞ってしまう人もなかにはおります。

しかし、そうした生き方で一時的にうまくいったとしても、三年、五年もすると、決して良い結果にはなっていないという現実があります。それが因果応報というものです。

「正直者は馬鹿を見る」という言葉がありますが、決してそんなことはありません。損得を勘定すれば、一時的には損に見えるかもしれませんが、正直に生きていれば、それが徳を積むことになり、最後は正直者が幸せになるようになっているようです。

ただ、なすべきことをなせ

人はいろいろな夢をもち、そして目標をもち、誰もが幸せになりたいと思って努力しておりますが、ときとして我《われ》を見失い、ついつい我《が》の欲を出して余分な一歩を踏み出したり、よからぬ一石を投じてしまうことによって、やがてそのつけがまわってきて、苦しみやつらさを味わってしまうことがあります。

そのことを深く肝に銘じておかなければなりません。これを行の世界の言葉で表現するならば、「ただ、なすべきことをなせ」という一言につきると思います。修行道場では、日々、朝起きて朝の勤行をして、お寺の掃除をして、仏さまにお仕えさせていただくという、ただそれだけのことであります。

心が迷いの世界でふわふわしている時期には、思い通りにならないことやつらいことがたくさんあります、それこそ苦杯を嘗《な》めるようなつらいことも、のりこえなければならない困難もたくさんあります。

しかし、それに耐えて地道に努力していれば、必ずおだやかな安心《あんじん》を得ることができます。これが本当の意味での幸せというものなのかもしれません。

人と自分を比べない

人生というものをふり返ってみますと、私たちの日常の心や行いがすべて自分自身の人生をつくりあげていることがわかります。自分の人生を大切にしたいと思ったなら、日頃の言葉や行いをおろそかにしてはいけないと、あらためて今一度深く考えさせられます。

また私たちの心というものは、どうしても周りのことが気になってしまうようです。自分より他人が良くなるのを見ると、「あの人はいいな」「あの人ばかり……」と自分の立場を相手と比べてしまうようです。

もし比べても心のなかで自分のことのように喜んであげたり、何も思わなければいいのですが、「自分もああなりたい」「自分もあれが欲しい」と思ってしまうと、そこに相手を妬《ねた》む心が生まれ、その心がうらみや憎しみに変わってしまうことがあります。これが不幸のはじまりで、自分自身の人生にとって非常にマイナスになります。

うらみや憎しみの感情からは、その人の心の成長や幸せというものは決して望めません。一にも二にも、周りと自分を比べずに努力するのみです。そこに必ず良い結果がもたらされます。野に咲く一輪の清き花は、となりにどんなきれいな花が咲こうとも妬まないし、また、自分の姿を変えません。ただひたすらに自分なりの花を咲かせようと努めています。

私たちもそれぞれの与えられた環境のなかで努力していかなければなりません。努力をしていない人というのは完全燃焼していませんので、ガスがたまっていきます。人生の不完全燃焼は、やがて努力して結果を出している人を見ると妬みの心に変わります。

そうならないように正しい生き方をしていなければなりません。正直に生きて努力をしていると、いつか必ず広い広いおだやかな心を授かります。これが本当の人としての心の幸せだと思います。

人は悩んだり苦しんだりすると自分が一番不幸だと思ってしまう生きものだといわれます。しかし、憂えているうちは、幸せはおとずれません。また、人生はそんなに憂えるほど悪いものでもありません。

空気もあり水もあり、おてんとうさまが東の空から昇ってきて、ごはんとお味噌汁があれば十分生きていけます。日常の当たり前の奇蹟に感謝をし、「幸せだ」と思えば、常に心が満たされています。人と比べて上を見ればきりがありません。

結局は自分がどうとらえるかどうかなのです。その心が本当の幸せにさらに一歩近づくことになります。

持ち味をいかす

私が修行をさせていただいた金峯山寺《きんぷせんじ》の本堂は、今から四百年以上も前に建てられました、高さが三十四メートル、四方が三十六メートルもある大きなお堂です。奈良の大仏殿に次ぐ大きさといわれ、安土桃山時代を代表する、とてもバランスの良い大伽藍《がらん》です。杉、檜《ひのき》、松、欅《けやき》などの原木を枝打ちし、皮をむいたものをそのまま使い、それぞれの持ち味をいかして、吉野の山に見事に聳《そび》え立っています。

つい先日、慈眼寺でも四畳半の小さな庵《いおり》をつくりました。柱と梁《はり》には雷が落ちて燃えた栗の木を使い、床板には琵琶湖に浮かんでいた古い舟の板をはりました。また壁には土を塗って、昔ながらのつくりにしました。

その庵をつくっている間、大工さんにお寺に泊まり込んでもらい一緒にご飯を食べて、いろんなお話をさせていただきました。

ある日、私のつくった味噌汁をのんだ大工さんが、「お味噌汁というのは実に不思議なもんですね」といいました。私は「そうだね」とうなずきました。

「お水も、味噌も、具もすべて同じものを使っても、人それぞれに違う味が出る。不思議なものだね」

私が料理するときはいつも大雑把《おおざっぱ》です。味噌汁をつくるときも、ジャーッと水を入れ、お湯を沸かしてから、台所にある野菜をザクザクと切って入れ、味噌を入れて味見もしません。

昔、修行していた頃、素材を吟味し、手間暇かけて味噌汁をつくってくれた人がいました。味噌汁をいただく前には「こういう工程でこういうふうにつくりました」と話を聞かされて「さあどうぞ」と。

ところが味のほうはというと、大変申しわけないのですが、いまひとつバランスが悪く感じられました。

「本当に味というのはとても微妙なものだね」と私が話すと、大工さんは「大工もそうなんです。材料を吟味し、道具にこだわるあまり、家全体のバランスを崩してしまう人がいるんです」といいました。ひとつのことにこだわりすぎて全体のバランスを崩してしまうことがあるというのです。

そのときに思いました。私たちもそれぞれにもって生まれた個性というものがあります。その人なりに授かった持ち味、その素材をいかして、どのようにして、その力を十分に発揮するかが大切なのだな、と。

料理と人生は相通ずるものがあるように思いました。材料を吟味して手を加えすぎて、かえって素材をいかしきれないことがある。それと同じように、考えて考えすぎて、本来の自分の持ち味である純真な心や、やさしさや、思いやりなどを発揮できずにバランスを崩している場合があるのではないでしょうか。

「あでもないこうでもない」と考えて、知識をつめこみすぎて人生が学問になってしまい、本来の持ち味を発揮できずにいる人もいるのではないかと思います。

まず一歩を踏み出すところから

修行の世界でも「行のなかで、なかなか無になれないんです」という若い修行僧がいました。行の世界では、一定の安定した心で無であり続けられれば理想的ですが、はじめからそれができる人は誰もおりません。

はじめの頃は、無になれるかなれないか、できるかできないかにこだわらずに、できるだけ無であり続けられますようにと願い、一心に努力することが大事です。その結果、やがて無の心で行じることができるようになったとしても、今度は無であり続けるために、また努力です。

無であるかどうかと考え思い悩み、本来の力を出しきれず悩んで立ち止まっているより、まずは一歩を踏み出し、おだやかな安定した心でいられますようにと祈りながら努力を続けることです。できるできない、上手下手は関係ありません。まず目の前の第一歩からです。

味噌汁のたとえでいえば、みんなに「おいしいおいしい」と喜んでいただけるようなおいしい味噌汁になりますようにと心をこめてつくることです。

難しく考えすぎず、小さなことにとらわれず、人生を論理的、科学的に考えすぎず、まず自分の心のなかからいらない欲とか我をひとつひとつ取りのぞき、少しずつ削ぎ落として、本来の自分の持ち味をいかしていくことが、皆さんに喜んでいただける自分をつくりあげる近道なのではないかと思います。

次の世もまた行者の道を

幼い頃に千日回峰行に憧れ、行の世界に生き、縁にしたがい夢をもち、目標をもって行じ、それをなしとげたのが平成十二年でした。

そのときに「これからの夢はなんですか」と聞かれました。その問いに私は「日常を行として日々を行とするだけです」と答えました。一千日間山を歩く回峰行や、九日間飲まず、食わず、寝ず、横にならない四無行《しむぎょう》のように、ある一定の期間だけ特別なことを行じるというのではなく、人生のすべてを行ととらえ、日常の生活を正しく生き、日々のなかで心を修養するということを次の夢としようと思っておりました。

やがて年月がたつとその夢が変わりました。今度は「この世での人生を終え、あの世に行ったときに、あの世にいる人たちから喜んでもらえるようなお話ができるお坊さんになりたい」と思うようになりました。
もしかすると、あの世でも元気のない人や迷っている人もいるかもしれません。そんな人たちに元気になってもらいたくて、その夢のために、お話が苦手な私は必死になって努力をすることになりました。

しかし、また何年かすると夢が変わりました。今度は「生まれ変わって、また日本に生まれて、行者になりたい」と思うようになりました。
いつか私がこの世での役目を終えて、あの世に行ったとします。そこで仏さまが
「ご苦労であった。昨日、こちらに来たばかりで大変申しわけないのだが、現世で行者になる予定の人間が道を踏み外してしまったので、また行ってきてくれないか。こちらの台所事情も大変なんだよ」
と、楽天の野村監督さんのようにボヤかれたとします。そのときに、

「はい、わかりました。では今すぐ行ってまいります」とすぐにでも生まれ変わって、また行者としてどんな修行でも行じてみたいと思うようになりました。

今だからいいます。これは本当に正直な話ですが、千日回峰行と四無行を終えたばかりの頃は、もし生まれ変わってまたこの行を行じなさいと仏さまからいわれたらどうしよう、と思っておりました。仏さまが「やれ」とおっしゃり、これが自分の定めだったらやるしかないなぁ……という気持ちでいました。

それはなぜかといいますと、正直、この行はとにかく厳しく、年数がたつごとに体力が落ち、極限のなかで行じなければならないというきわめて困難なものでありました。

人間は鍛えたところが強くなるといいますが、度がすぎると肉も削ぎ落ち、骨まで細くなります。そんな状態ですので、もう一度生まれ変わってまた同じことをやれといわれると、やりたくないわけではありませんが、正直かなり厳しいなとその頃は思っておりました。

しかし、年月がすぎると、また、自分の定めに対しての生きがいを感じるようになり、いつでも、どこでも、何度でも、自分が今できることを精一杯させていただこうという気持ちに変わってまいりました。

その時期にしかできないことがある

今の自分には、二十代の頃のように、早く、そして力強く大峯の険しい山々をかけまわる体力はありません。昔だったら、一日だけでいいのなら、おにぎりとお水さえあれば平気で二十四時間で百キロの山を歩けたと思います。しかし、それを今、同じようにやりなさいといわれても、なかなか大変なことだと思います。

このように人間には、そのとき、その時期にしなければできないことがあります。ですから、後悔しないように今できることを精一杯させていただくことが大切なのです。これが人生の本質みたいなものではないでしょうか。地位や名誉や財産は、あの世にはもっていけません。

回峰行や四無行を満行し、大行満大阿闍梨《だいぎょうまんだいあじゃり》という称号をお寺からいただきました。大変失礼なことを申しあげるかもしれませんが、この称号は人間が決めたことで、仏さまからいただいたわけではないと自分では思っております。

本山の小僧をしていた頃、お坊さんの位をあげてくださいと申請して懇願してくる地方のお坊さんを何度もお見かけしましたが、私は一度も申請したことがありません。逆に、師匠である管長さまには「本山で修行をさせていただくとどんどん位があがるのですが、位があがると義納金が高くなるので、位を下げてください」とお茶を飲みながら笑い話をしたことを思い出します。

師匠は「ほほう」と笑っていましたが、私にとって大切なのは位があがることではありません。人生を踏み外すことなく精一杯努力をして、あの世に行ったときに仏さまから、「よく頑張ったね」とたった一言いわれるほうが嬉しいことであります。

たとえれば仏さまが監督で、お坊さんは選手だとします。そして選手の役割は自分のもてる力を発揮し、送りバントでも犠牲フライでもどんな仕事でも、皆さんに喜んでいただくことを精一杯させていただく、ただそれだけのことです。次に生まれてきたら、また同じように努力させていただこうという夢をもち、今日も元気にすごさせていただいております。

今できることを精一杯

誰にでも、そのとき、その時期にやらなければならないことが必ずあります。そのなすべきときになすべきことをなさなかったために、あとからつけがまわってきて大変なことになってしまうこともあります。

また、「あれもしなければいけない、これもしなければいけない」と気持ちばかりあせってしまい、地に足がつかずに浮き足立ち、実際に自分がやらなければならないことをおろそかにし、面倒なことを後回しにして、大変なことになってしまう場合もあります。

そのたとえとして、二階建ての家をつくろうとしているのに、一階をつくらずに二階を建てようとするという話があります。土台がなければ二階はつくれないのですが、なんとか二階建ての家をつくろうとあせってしまう話です。

これは修行僧が修行の段階で早まって浮き足立ち、日常をおろそかにすごしてしまうときに戒められるたとえ話です。その時点での自分が、地に足をつけて精一杯地に足をつけて成長しなさいという教えです。

私が仙台の秋保《あきう》に住んで六年になりますが、なんにもない山のふもとにお寺を建立いたしましたので、はじめの頃は修行僧と一緒に毎日長靴を履いて麦わら帽子をかぶり、職人さんたちとともにくる日もくる日も作業に追われました。休む暇もなく、なかなか自分の時間もとれない状態が続きました。

そうこうしているうち、千日回峰行の間に痛めた歯が悪化してしまいました。差し歯の治療をしていましたが、その根元が割れてしまい、膿《うみ》が出る状態のまま、二年半もほったらかしにしていたのです。

たまたまある日、お寺に来られた方が歯医者さんで、その話をしたところ、「すぐ横浜まで来ていただけますか」といわれました。時間を見つけて横浜まで行って、診察していただいたところ、「早い段階で手術しないと大変なことになります。骨がなくなり、もう数ミリで鼻まで貫通します」といわれました。それで一か月後に手術をする約束をして仙台に帰ってまいりました。

大きな手術でしたが、今の自分を治していただくのに一番ふさわしい先生と出会うことができたご縁にも感謝であります。なんの不安もなく手術は終わりましたけれども、たくさん縫いましたので、顔がだいぶ腫《は》れて、一週間たっても少し血がにじんでいたほどでした。

受け入れるから、受け入れられる

手術をした次の日に消毒をしていただき、午後の一時半頃になっていました。前日から何も食べていないことに気がつき、急におなかがすいてきました。たまたま見かけたうどん屋さんでうどんを食べようと思い、注文をして待っていると、隣の席で、入社したばかりとみうけられる仕事中の若い男性お二人が話をしながら昼食をとられてました。聞くともなしに聞いていると、お二人の会話がだんだん熱くなってきました。

「どうしてもあの上司のいうことだけは納得いかないんだよなぁ」と、不満をつのらせているような感じでした。

そんな会話が聞こえてきたとき、自分も若くて血気さかんな頃に、心のなかでそう思ったことがたくさんあったなぁ、なつかしいなぁと、思わず顔がほころんでしまいました。

修行がまだはじまったばかりの頃は、先輩や師匠からいろいろなことを教わり、訓示をいただきます。しかし、まだ人生経験も浅かったために深い世界で物事をとらえることができず、また、若く我も強かったために、「なんでだろう」と納得がいかず、一人で悶々《もんもん》と考えることもありました。

今思えば納得できなかったのではなく、いわれたことが自分の理想通りではなかったために心に壁をつくり、相手を受け入れようとしないという心の働きがあったのではないかと思います。

では今の心はどうかというと、いろいろなこと、すべてを受け入れ、消化して、自分の成長につなげていきたいという思いがあります。

今回の手術もそうでした。約一か月前に「頬骨《ほお》を少し削って移植したりしますので、四、五時間ぐらいかかります」といわれましたが、誰にも話さずに「ちょっと手術してくるから」とだけいって出かけました。起きてしまったことはもうしょうがない、膿が出ていたのにそのままにしていた自分も悪いのだと、なんの不安もなく、すべてを受け入れようという気持ちでした。

手術台の上に座ったときも脈が普通でしたので、先生からは「よくこんな平静でいられますね」といわれましたが、これも今、自分がなさなければならないこと、それに向かってなんの不安もなく動じることなく精一杯生きてみよう、この手術のなかから何かを得て成長しよう、……そういう気持ちでした。

手術前に横浜を案内してくれた友人が「横浜はもうすぐ開港百五十周年な

んです」と教えてくれました。

「百五十年前の横浜は小さな港町でした。ところが、国を開いたことによって、横浜にはいろいろなものが入ってきました。いいことも、また悪いこともありましたけれど、それによって横浜は開けていったんです。だからこそ今のこの町があるんですね」

その話を聞いて、私たちも同じだなぁと思いました。心を開くことによってさまざまなことが展開してくるし、いろいろと成長もできます。

そう考えると、「納得できない、理解できない」と愚痴るのではなく、なんであれ自分のなかに一度受け入れて、そこからいろいろと考えさせていただいたり、自分なりに努力してみたりすることが大切なのではないかと思います。それが成長への道につながるのではないでしょうか。

すべてを受け入れるから、自分も受け入れられる、心を開くということはとても素晴らしいことです。

第六章

信じて生きていく

信

素直に、謙虚に、ありのままに

昔は、日常の生活のなかで、子供たちが大人の人から良き人生を送る心得のようなものをたくさん教わりながら生活していたように思います。

私も、今でも覚えていることがあります。小学一年生のときに親戚のおじさんが家に来てタバコに火をつけました。そのときテーブルの上には灰皿がありませんでした。

子供ですから気がつかずにいると、「一を聞いて十を知る」と叱られ、誰かがタバコに火をつけた瞬間に灰皿が出てこないといけないといわれました。わずかなことや人の動きを見て、多くの気くばりをしなければならないと教わりました。

一度教えられたのに、人に対しての気くばりや配慮がないと、ひどく叱られたものですが、これが社会に出てから、とても役に立ちました。

お坊さんは、とくに人に気遣いができなければならなかったり、人の痛みがわからなければならない立場です。修行生活のなかで、それができずに師匠や先輩方から叱られている修行僧を見ると、自分はみんなの家より厳しい躾《しつけ》の家庭に生まれたけれども、それが良かったなと思ったものです。


「一を聞いて十を知る」というのは『論語』の教えですが、昔の日本ではどの家庭でも当たり前のように教えられていたことだと思います。

「昔は良かった」ということをよく耳にしますが、生活は今よりもずっと不便でした。電気もガスも水道もない時代もありました。かわりに囲炉裏があって、おじいちゃん、おばあちゃん、お父さん、お母さんがいて、子供がいてというように、みんなで一緒の生活を送っていました。

そんな環境のなか、子供は社会のルールやマナーを知らないために、たまにみんなの迷惑になることをしてしまうこともあります。また、自分の思いが通らなかったりしたときに、自分の感情を態度や言葉に出して、こっぴどく叱られることもあります。

しかし、いくらふさぎこんでもふてくされても、昔は子供の部屋もありませんし、テレビも一家に一台あるかないかです。二十四時間のお店も食堂もありませんし、夜八時には町も暗くなりはじめます。現代のように行く場所がありません。

家族はみんなで楽しく話しているのに、自分だけが家の隅ですねていても、だんだん馬鹿らしくなってきて、「やっぱりみんなと一緒がいいや」と自分から機嫌を直したり、おじいちゃんやおばあちゃんが、頃あいを見て、「ちゃんとしないと駄目だよ」と声をかけてくれて、「みんなに謝まろう」と、とりなしてくれました。そして「ごめんなさい」と謝って、また囲炉裏の周りで楽しい時間をすごしたものでした。

昔と今はどこが違うのか

「昔は良かった」といいますが、昔の何が良かったのでしょうか。日本では、戦争が終わって、みんなで力を合わせて頑張った結果、とても便利な生活ができるようになりましたが、昔は冷蔵庫や洗濯機そして電子レンジなどもありませんでしたし、みんなが貧乏でした。

今、ニュースでは百年に一度の経済危機とかいわれていますが、近所のおじいちゃんたちは「何いってんだぁ、おらたちの若え頃なんて、米なんか食えねがったし、雑草まで無ぐなったぁ、それから見たら、まだまだ幸せだ」といっています。みんな大変な時代をのりこえてきました。

大人の人たちは、自分の子供たちには自分たちのような苦労はさせたくないと頑張りました。幸せになろうと精一杯努力して、次から次と便利なものに頼り、囲炉裏も井戸もかまども全部捨ててしまいました。

それと一緒に大切な絆が失われつつあります。それがさまざまな社会問題のもとになっているのだと思います。

昔は家族、そして村単位での生活がしっかりしていました。リーダーシップをとってくれる人を中心として、つらいことや苦しいこともみんなで助け合って生きるという強い絆で結ばれていましたので、現代よりも心の潤いがありました。ところが、国が豊かになり都市が発展してそこに人が集中しますと、核家族や一人ぐらしの人が多くなり、絆というより、個人の責任においての生活になりました。会社では利益や目的ばかりを追求し、人と人とがすぐに背中合わせになってしまったり、心の潤いがなくなってきたように思います。

昔はどの大人も厳しかった半面、社会全体で自分の子供も他人の子供もわけ隔てなく育てようとしていました。大人が人づくりの大切さを知り、親の心をもって正面から子供と向き合って次の世代をになう子供たちを育てていこうと真剣に努力していたように思います。

そして、子供を教え導きつつ、自分も共に学び成長しようとする雰囲気がありました。いわゆる「運命を共にする」というような絆があったように思います。この絆が社会や国の精神文化を高めてきたのではないでしょうか。

原点回帰のときがきている

今、私たちはもう一度、とくに戦後から今に至るまでにこの国が何を得て何を失ったのかを整理する必要があると思います。そしてあらためて原点に返って、日本の精神的な基礎をしっかりとしたものにしなければならないのではないかと感じています。

時代は変わるものです。しかし、大切なのは文化と文明と自然のバランスです。どんなに便利で豊かになっても、私たちの先祖が培ってきた精神文化を低下させることなく、常に一人ひとりが慎む心をもち、時代に対応していかなければなりません。

たとえ時代が変わっても、昔の子供も現代の子供も求めているものは何ひとつ変わりません。それは何かというと、親の愛情です。決して物を与えることではありません。

子供が求めているのは、しっかりしたリーダーシップをとってくれる信頼できる大人であり、社会ではないでしょうか。

いつの時代でも、形式化され、組織化され、発展がすぎると、さまざまな問題が発生します。今こそ、私たちが力を合わせ、心の潤いを求めて、実践しなければならないときかもしれません。

もともと日本人は優秀な民族ですし、人を思いやる和の心があります。この心でもって、まずは家庭から、そして縁のある人たちから原点回帰への一歩を踏み出さなくてはならない時期であると思います。

「ぼちぼち」と生きていく

私は「ぼちぼち」という言葉が好きで、いつも何かあると「ぼちぼち」といってしまいます。なぜ「ぼちぼち」というようになったかというと、それには吉野山の大矢のおっちゃんの話をしなければなりません。

大矢のおっちゃんという方は、昭和六十二年、私が奈良県の吉野山の金峯山寺に修行僧として入ったときに出会った七十代のおじいさんです。吉野山に住んでいる人で、とても力持ちでした。私たち修行僧ができないようなお寺まわりのいろんな仕事をしていただいていて、みんなから「おっちゃん、おっちゃん」と慕われていました。

大矢のおっちゃんは、ゆっくりゆっくり動く人でしたが、不思議と仕事はとても早い方でした。毎月、本堂をはじめ百か所以上の仏さまや明神さまにお供えする榊《さかき》を、山々をかけめぐって集めてもってきてくれました。

おどろくのは、その榊の束が半端な重さではないことです。長さが百八十センチ以上もあり、束の太さが五十センチ以上あります。私たちがもって歩いても、せいぜい二、三メートルが限界です。ところが、おっちゃんはそれを背負って何キロもの道なき山を歩いてきます。しかもそれを二束も用意してくれました。

今、慈眼寺《じげんじ》の本堂の正面の左右に植えている榊は、今から十五年ほど前のある日、大矢のおっちゃんが「亮潤さーん、ワシ、山から採ってきたんや。将来、仙台に帰ったら植えたらええ」といってくれた二十センチぐらいの榊の苗が成長したものです。修行中も大事に育て、平成十五年にお寺を建立したときに、本堂の前に植えたのです。

私が小僧の頃、境内のはき掃除をしていると、大矢のおっちゃんは「亮潤さーん」と大きな声でいつも声をかけてくれました。「山からイチジク採ってきたさかい食べよ」などといって、いつも可愛《かわい》がってくれました。

そして一服してお茶を飲んでいると、大峯山の昔の話をたくさん教えてくれました。

「あのね、百丁には茶屋があってねえ、竹の子の天ぷら。うまかったなあ」

「大天井にも茶屋があったんやでえ」

「昔はねえ、大勢の人が大峯山に参った。そりゃあにぎやかだったでえ」

と小僧の私にたくさんのお話をしてくれました。私は大矢のおっちゃんが大好きでした。

大矢のおっちゃんがなぜ大峯山にくわしいかというと、理由があります。今は大峯山の宿坊に必要なものを上げるときにはケーブルやヘリコプターを使いますが、昔は吉野山から二十四キロ先にある大峯山頂まで、荷物を担いで登らなければなりませんでした。おっちゃんはその仕事をしていたのです。

大峯山の山頂には、大峯山寺の本堂を中心に五つの宿坊があります。大矢のおっちゃんは若い頃、山上の東南院という宿坊で使うお米や灯油など、五十キロから六十キロある荷物を背負って時間をかけて登り、次の日に下ってくるという、とても厳しいお仕事をしていました。

その大矢のおっちゃんの口癖が、「ぼちぼち」でした。「ぼちぼち」「ぼちぼち」といつもいっていました。

同じペースで、同じ心で

大矢のおっちゃんとの思い出はつきませんが、あるとき、こんなことがありました。

大峯山の山開きの十日ぐらい前になりますと、「戸開《とあ》け式」といって、大峯山上にある東南院の宿坊の準備のために宿坊の人が登ります。大矢のおっちゃんも毎年、手伝いで登っていました。

私が回峰行をはじめたのは平成三年、二十三歳のときでしたが、回峰行者は行の期間中、毎年山頂の宿坊にお世話になります。そこで毎年四月の末に、宿坊のお手伝いに行く決まりになっています。

そのときはじめて、私は大矢のおっちゃんと一緒に大峯山に登りました。洞川《どろがわ》という大峯山のふもとの村まで車で行きますと、そこから六キロほどで山上に登ることができます。そこから一緒に歩きはじめました。

「亮潤さん、先に行っててや、わし、ゆっくりやさかい、ぼちぼち行くわ」

と大矢のおっちゃんがいうので、

「ほな、おっちゃん、先に行くからね」

と私は調子よく登っていきました。

しばらく歩いて、のどが渇いたなと休憩していると、大矢のおっちゃんがぼちぼちと登ってきました。

「亮潤さん、先行ってや、わし遅いさかいに」

「んじゃあ、先に行くよ」

また先にスタートして、しばらく登って休憩していると、また大矢のおっちゃんに追いつかれました。

結局、山上に到着した時間は、ほとんど変わりありませんでした。

そのときに、歩いて一時間かかる山道は一時間かけて歩かないと駄目なんだということに気がつきました。急いで五十分で登ったとしても、疲れて十分休憩したら一時間になってしまうし、急いだ分だけ疲れは次の日にも残ってしまいます。人生、そうあせるものではない。「ぼちぼち」が大切なんだなぁと思いました。

大矢のおっちゃんから学んだ「ぼちぼち」という言葉が、その後、大峯千日回峰行という厳しい修行や、あるいは人生を生きていくなかで非常に役立ちました。リズムと呼吸、そしてあせらずに同じ道を同じペースで、同じ心で、「ぼちぼち」と歩む。この心が大きな修行をなしとげることができたひとつの秘訣《ひけつ》です。

いつも同じペースで回峰行を続けていたため、私はみんなから「怪物」と呼ばれていました。師匠までも「あいつはばけもんや」といわれました。しかし、普通では無理といわれるような行をするときには、もともと無理なことをしているのだから、必要以上の無理をなるべくしないように「ぼちぼち」と自分のペースでさせていただいただけのことなのです。それが結果的に、人より早かったり、人より元気だったりしただけです。

正直に、まっすぐに生きる

大矢のおっちゃんは、私が行を終えて間もなく、突然あの世にいってしまいました。あの世に旅立つ前日に、蔵王堂《ざおうどう》に手を合わせてお参りする姿を見ました。その足で蔵王堂より階段で五百段ほど下ったところにあるお宮さんにお参りしたそうです。みんな、「仕事がないのにめずらしいね」といっていました。

その足で大矢のおっちゃんは吉野町の町長選挙のために選挙事務所に集まっていた吉野山の皆さんに、「どうもお世話になったね、世話になったね」

とご挨拶をしていたそうです。
そして次の日に、心臓が苦しいといって自分の孫の腕のなかで「ええか、人は施さなあかんのやで、人はええことせなあかん」といいながら、あの世に旅立ったそうです。

大矢のおっちゃんの話を吉野山でするると、今でもみんな、「あの人はほんまにええ人やった。ええ人やった」といいます。絶対に人の悪口をいう人ではありませんでした。どんな人にもわけ隔てする人でもありませんでした。いつも人にやさしく、おだやかな人でした。そして決して嘘をつかない人でした。

とても昔の話だそうですが、あるとき山上本堂に何かの用事で行った大矢のおっちゃんは、本堂の人から「お前とこの宿坊は何人や」と聞かれたそうです。「三人や」と答えたら、「ほな宿坊の皆で食べ」とバナナを三本もらったそうです。しかし大矢のおっちゃんは帰ってくる途中におなかがすいて、三本とも食べてしまったというのです。
東南院に帰ってくると、大矢のおっちゃんはみんなに「わるい、今本堂でバナナもろうたんやけど、ワシ腹へって食べてもうたわあ」「すまんなあ」と謝ったといいます。本当に正直でまっすぐな人でした。

私たちは時折、難しい勉強や厳しい修行を行じなければなりません。難しい仏教学やら昔ながらのしきたりを勉強しなければならないときもあります。しかし、難しいことや哲学みたいなことを頭につめこんだからといって、人から慕われるかといいますと、世のなかを見ていますと必ずしもそうではないようです。

その一方で、大矢のおっちゃんのような、素朴で人にやさしく、どんな人も受け入れてわけ隔てをせず、表裏なく、そして嘘をつかず、ただまっすぐに生きているだけで、近所の人は「仏さまのような人だ」といいます。
昔は大変な時代でしたので、そういう人がたくさんいたのかもしれません。

人と人との助け合い、そして心の潤いや絆があったように思います。とてもいい時代でした。そんないい時代に、私たちもぼちぼちと帰らなければならないときがきているのかもしれません。

信ずる心

昔、近所に「神さん仏さんに手を合わせた人にはかないません」といつも人の顔を見ると口ぐせのようにいっていたおばあちゃんが住んでいました。今となって、本当にその通りだなと思います。

朝起きたら「今日も一日無事でありますように」と手を合わせ、一日の生活のなかで善いことをして悪いことをしない。そして、その日何ごともなく無事にすごせたならば「今日も一日ありがとうございました」と感謝をするということは、とても立派な信心であると思います。

今の日本では「私は無神論者です」あるいは「宗教は信じません」という言葉をたまに耳にいたしますが、海外に行って「あなたの宗教は」と聞かれたときに「私の信ずる宗教はありません」というようなことをいいますと、人の見ていないところでは何をするのかわからない人だと思われたり、倫理や道徳のない人だととられてしまう場合があるそうです。

日本社会の精神の荒廃が危惧《きぐ》されている今こそ、心から手を合わせるという信ずる心、いわゆる心の信仰を思いおこす必要があります。


仏教を説かれたお釈迦さまは、今から約二千五百年前に、私たち人間が受ける苦しみは一体なんなのだろうかとご自分でお考えになり、修行をされ、やがて悟られました。そして、人々のために苦しみから脱け出る方法を説かれたそうです。

みずからの努力で精進すればどんな人でもおだやかな心になれるというお釈迦さまの教えは、やがて中国をへて朝鮮に伝わり、六世紀のなか頃、日本に伝わりました。

それまでの日本人の根幹にあった日本民族の宗教は神道です。

明治の時代にできた国家神道とは違うもので、昔は神の道といったそうです。その神道が日本人の文化や生活に深くしみ込んでいたところに仏教が入り、お互いに深く影響し合って誕生したのが神仏習合という日本独特の宗教だといわれております。

日本仏教はインド仏教とは違い独特だといわれますが、大自然や先祖を敬うという心、そして慈愛の心はどのような宗教でも共通します。日本人はもっと日本の宗教の良さを思いおこすべきであると思います。

今までの日本の歴史のなかでは、神道と仏教が対立することなく共生し、日本人の生活の根底に流れていました。私たちも昔、朝起きると家にお祀《まつ》りしてある神棚に「パンパン」と手を合わせ、仏壇の前で「チンチン」としてから学校に行きなさいよといわれたものです。

「なんでそんなことしないといけないの」という子供もいませんでしたし、子供が何か悪いことをすると「そんなことしたらもったいないバチがあたるからね、神さん仏さんが見てるよ」と学校の先生もいっていた時代がありました。しかし、時代は変わり、そんなことをいう親や先生も少なくなってきました。

生命を慈しむ心をもつ

先日、筑波大学名誉教授の村上和雄先生とお話をさせていただきました折に「現代の科学ではあの世がある確率が五十パーセント、そしてない確率が五十パーセントなんですよ。しかし、科学の世界で五十パーセントということは、かなり高い確率なんですよ」と教えていただきました。

神や仏はいるのかいないのかということは別として、今、私たちはこのように存在しております。私たちには親があり、その親にもまた親があります。そのように、私たちは先祖とつながっています。そうした先祖や大自然に対して心より尊ぶ心をもち、感謝の心をもって、生きる命を授かった人としての「間」を大切にすることが肝心です。

この大自然というものは、私たち一人ひとりが存在するために、微妙でかつ素晴らしいバランスで私たちをつつみこんでくれています。私たちは、人間がどのような知恵をもってしてもつくりあげることができない世界につつまれて生きています。

村上先生はこのようなこともおっしゃいました。

「現代の科学がこのように発達しても、いまだ大腸菌ひとつつくれないんですよ」

そんなお話をお聞きしますと、小さなことで苦しみの矛先を他人に向けてうらみや憎しみの心をもち、あるいは悩むより前に、お釈迦さまが申された一切の生きとし生けるものに慈しみの心をもつことが大切なのだとあらためて思います。他を思いやり、慎む心をもち、時折反省し、そして感謝の心をもつことが真の信仰というものです。

最近若い方たちから、こんな質問を受けます。

「信仰をしてみたいのですが、信仰ってどういうふうにしたらいいのですか」

とたずねられるのです。私たちは誰でも心のなかでは「正しく生きていたい」という心があるのだと思います。

私たちの小さい頃は、神さまや仏さまに手を合わせ、正しく生活していくことが人としての道なのだと教えられ、信仰と生活が一体となっていました。ですから、生活のなかで倫理・道徳、そして宗教性を学ぶことができたのではないでしょうか。それが現代では失われているようです。

日本人はそのようなことも、もう一度認識したほうが良いと思います。

宗教とは人生の道しるべ

私たちはいろいろな人とのご縁のなかで、泣いたり笑ったり、いろいろな感情をともなって日々をすごしております。もちろん、良いことばかりではありません。人から傷つけられたりすることもあれば、逆に人の心を傷つけてしまうこともあり、なかなか自分の思った通りにはいかないものです。

しかし、いつでも心のなかで「正しく生きていけますように」と祈る心が信仰です。人にやさしく、わけ隔てなく、なるべくニコニコ笑って「正直に生きていけますように」と願う心が大切です。

また、息をしているかぎり、呼吸が続くかぎり、人生という信仰は生涯にわたって続くものです。

長い人生ですので、人に迷惑をかけてしまうときもあれば、逆に人に迷惑をかけられる場合もあります。そのような人生のなかで自分を見つめ、わがままな心を少しずつ減らしながら成長し、歳をかさねていくことはとても素晴らしいことだと思います。

私たちの人生の道標が宗教です。こうしなければならないという強制もありません。手を合わせるか合わせないかはその人の心しだいです。たとえ人前で手を合わせなくても、心のなかで合わせている人もいます。

これでも立派な心の信仰ではないでしょうか。たとえばどんなに修行をしようが何時間と神仏の前に坐ろうが、難しい論理を頭につめこもうが、陰で悪いことをしていたら意味がありません。大切なのは日々の私たちの心のあり方です。昔から「馬鹿な子ほどかわいい」といいますが、素直がいちばんです。また、お賽銭箱《さいせん》に十円玉を入れる人も百円玉を入れる人も、神さま仏さまはわけ隔てしません。自分のできる範囲の気持ちでいいのです。

「そんなことをしたらばちがあたるよ」といいますが、神さま仏さまはばちをあてません。自分の行いや心構えが自分に返ってくるだけです。「天に向かって唾《つば》を吐けば自分の顔に落ちてくる」だけのことです。

努力するかしないかはあくまでも本人しだいです。自分がどう生きるかどうかという、とても簡単なことなのです。しかし、それはとても尊いことでもあります。

だからこそ、まさに神さま仏さまに手を合わせ、正しく生きた人にはかなわないということになるのです。

正しい道を歩むありがたさを感じて

人間として生を授かっている今このときをとても幸せに感じます。短いようで長い人生のなかでは、幸せなときもあれば、そうでないときもあります。つらいことや悲しいことがめぐりめぐってくると、「人生って一体なんなのだろう……」と、つい愚痴をこぼしてしまったり、涙してしまうときもあるのではないでしょうか。

しかし、誰も答えてくれません。ただわかっていることは、気がついたときには、すでに自分の人生がはじまっていたということだけです。舞台やお芝居ならばお稽古《けいこ》があり本番がありますが、人生というものは気がついたときにはすでに本番がはじまっています。

いいかえれば、今日という一日のなかで自分がどう生きるのか、その一挙手一投足のすべてが自分の人生を刻んでいるということです。

この現実を素直に受け入れ、清く正しく生きていくことに徹するならば、なんの迷いも生じることはないでしょうが、心が定まらずに迷いの世界でふわふわしておりますと、私たちの心というものは、とてもわがままになったり、損得勘定をして自分だけが良くなりたいと欲を出してしまったりすることがあります。

正しい心、正しい行い、正しい言葉づかい、正しい努力や生活に徹することはなかなか難しいものです。どんな人にも清らかでやさしい心があるはずですが、その半面、とてもわがままなところもあります。

ゆえに私たちは迷いの生死をかさねて、迷いの世界を生きかわり死にかわりしながら、心の成長のための行をしているのだといわれています。

昔、山を歩いているときにこんなことを思いました。

もし、あの世があり輪廻《りんね》というものがあるとするならば、この世での人生という行が終わり、やがてあの世とやらに行ったときに何を思うだろうか。たとえば自分の人生をふり返って、自分の努力が足りなかったことを後悔して、もう一度挑戦してみたくなり、そして、「もう一度自分は頑張るぞ」という気持ちでこの世に生を授かってくるのではないか、と。

人生とはいいことも悪いことも半分半分で、すべてが思い通りには設定されていないようです。もちろん、自分の思い通りになるような人生では心の成長はないと思います。大切なのは、その思い通りにならない環境のなかで、いかに清く正しく生きるというルールを守り通すかどうかです。

しかし、どうしても、つらいことや苦しいこと、思い通りにならないことがあると、「なぜ私だけ……」という心をいだいてしまいます。そして、やがてその感情が人をうらんだり憎んだりするという悪い結果をもたらしてしまうことになります。

この妄執《もうしゅう》を捨て去ることが心おだやかに生きる秘訣なのですが、なかなか思ったようにはいきません。

三つ子の魂百まで

ある日、私の友人から、人間が最初にいだく感情は嫉妬心であるという、とても興味深い話を聞きました。これは精神発育論や発育心理学の分野における疫学調査や実験、また他の動物との比較から生まれたものらしいのですが、生まれたばかりの人間の赤ちゃんは、まだ自分と母親の区別もできていないそうです。お母さんのおなかにいましたので、生まれた当初はお母さんと一体化していると思っているそうです。

赤ちゃんがお母さんのおなかのなかにいるときには、どんなことがあっても必ず守ってくれますが、この世に生まれた瞬間からままならないこと、すなわち人間としての試練がはじまります。

やがて、赤ちゃんの目が見えるようになると、そこに自己と非自己の概念が生まれるそうです。自分は母親と一体ではなく、別の違う生きものであるという自覚が芽生えはじめ、今まで自分の一部であった母親がお父さんやお兄ちゃんお姉ちゃんにとられてしまう場面を目にします。そのときに生まれる感情が嫉妬心だというのです。

その後、三歳くらいまでにすべての感情ができあがるそうですので、三歳までの教育が、人間にとってとても重要な時期であるそうです。

昔から〝三つ子の魂百まで〟といわれていますが、現代のように科学も発達していない時代に、昔の人はどのようにしてそれを理解していたのでしょうか。おそらく、人生の経験のなかで心をとぎすませ、真剣に生きていたからわかったのではないかと思います。

そういえば昔、子供の頃、母と祖母がこんな会話をしていました。

「親の背を見て子は育つというが、赤ん坊は母親の背におんぶされて、その愛情やぬくもりを母親の背中から感じるものだ」

そう話していたのを思い出しました。小さい頃の教育がいかに人格を形成する上で重要かということをあらためて感じます。

自分の愛する者の愛情が他に向くのを嫉妬したり、ままならないことがあるとなんとかしたいと我欲が出たりするのは、生まれてすぐから心のなかにあるものだそうです。それゆえ、その心をどう転換させ、正しい人生を歩むかどうかが私たちの人生の課題であり、人生の行となるのであります。

清く正しい心をもって悔いのないように生きることが、人間の理想的なあり方であると心のどこかで感じ、いつも慎む心を忘れぬよう、縁にしたがい、流れのなかで少しでも成長を願い、悔いのないように。

そんなふうにしてぼちぼちと歩いて、人としての道を極めていかなければならないと思います。

心を開けば、運が開ける

今、目の前にいる一人の人を楽しませることができたなら、とても素晴らしいことだと思います。これはとても地味なことかもしれませんが、とても大切なことであると思います。

人として生まれてきて大切なことはたくさんありますが、三つあげるとすると、まず、よく反省をすること、そして、感謝の心をもつこと、そして一番大切なことが思いやりの心をもつことです。

今日一日、出会った人と和することができなくて、言葉や態度でもって自分の気づかないうちに目の前にいる人を傷つけてしまっていることはなかっただろうか。

あるいは、自分が正しいと思い、ひとつのことを貫いてしまったがために、陰で人を傷つけてしまうことはなかっただろうか。

また、「このほうがより皆さんのためにいいのでは」と意見をし、他人とぶつかりながら、結局、まわりまわって自分に都合のいいような意見を論じていたりしなかっただろうか。

一日の終わりに自分自身の行いをふり返り反省することがとても大切であると思います。


現世という迷いのなかで生きていれば、知っていておかすあやまちもあれば、知らないうちにあやまちをおかしてしまうこともあります。

もし思いあたることがあるとすれば、その業《ごう》に対し深い反省をして、同じあやまちをくりかえさないよう心がけ、また前向きに生きる心をもつことです。

また、目の前にいる一人の人に、にこやかな笑顔と真心のこもった眼《まなこ》をもって接し、心からのやさしい言葉でもって語りかけ、人を敬い、善いことをしようと努めることです。

当たり前のことですが、ほんの少しの気くばり、心遣いで人と人との関係がとてもおだやかになります。

人を嫌うと、自分も人から嫌われてしまいます。どんな人をも受け入れるから、自分もみんなに受け入れられます。

流れに逆らわずに生きる

昔、何をやっても結果が裏目裏目と出てしまい、なんて自分は運がないのだろうかと思っていた時期がありました。しかし、あるときを境に、まるで転機がやってきたかのように急に運が開けてきました。

なぜそうなったのかと考えてみますと、私は、あの人が嫌い、この人が嫌いという心はほとんどないほうでしたが、その心が完全になくなった瞬間、すべてが変わったのです。そのとき、人生の流れにのって、すべてが良いほうに運ばれるように感じました。

自分を一滴の水にたとえるとすれば、人生というものは、川の源流に一滴の水が流れ落ちたところからはじまります。

その川の流れにしたがい、流れにのって旅を続けていますと、川の上流では激しい流れのときもあれば、一気に滝壺《たきつぼ》に突き落とされるようなときもあります。

しかし、またどんぶらこ、どんぶらこと流れにのって進んでいくと、やがて流れはゆるやかになり、いつしか広い広い大海原にたどりつきます。

人生にも、その時々の流れがあります。その人生の流れの本流にのって逆らわず、また物事の本質を見極め、欲を出さず、悪いことをせずに、どんなときでも感謝をして生きる。そうすると、本流ではない流れに流されず、自然な流れのままに人生を歩むことができるようになる。これを運が開くというのではないでしょうか。

よく運がいいとか悪いとかいいますが、日々の生活のなかで筋道の通ることをしていれば、必ず良い運はめぐってまいります。

善い心をもつことにより、自分自身が変わります。自分が変わることによって、周りの人も変わります。この良いめぐりあわせを幸運といいます。

運が開けるというのは、お金持ちになったり、いつも幸福だけがめぐってくることではないと思います。どんな人生の流れのなかにあっても常に心が開いていて、与えられたありのままの環境のなかで、いつも感謝の心で充実した人生を送ることができるようになることをいうのではないでしょうか。

この心の幸せは、いくらお金を出しても買うことはできません。しかし、ちょっとした心の転換と辛抱で誰にでもできることです。

どうせ同じ人生を歩むのなら、あの人がこの人がと苦しみの矛先を他に向けて悪い感情をいだき、自分自身を迷い苦しみのよどんだ流れのなかに置くよりは、心のとびらを開き、どんなときでも心明るく、笑って人生の流れを楽しんだほうがいいのではないでしょうか。そうすることにより、いつも良いめぐりあわせがめぐりめぐってまいります。

こんな幸せなことはありません。人生、良いことも悪いことも半分半分です。つらいことや苦しいことがあっても、心が正しければ必ず道は開きます。

そしてまた、輝ける人ほど道は開きます。すべては、今の心しだいです。

著者略歴

塩沼亮潤（しおぬま・りょうじゅん）

昭和43年仙台市生まれ。61年東北高校卒業。62年吉野山金峯山寺で出家得度。平成３年大峯百日回峰行満行。11年吉野・金峯山寺1300年の歴史で２人目となる大峯千日回峰行満行を果たす。12年四無行満行。18年八千枚大護摩供満行。現在、仙台市秋保・慈眼寺住職。大峯千日回峰行大行満大阿闍梨。

著書に『人生生涯小僧のこころ』（致知出版社）『〈修験〉のこころ』（共著・春秋社）『心を込めて生きる』（PHP 研究所）などがある。

人生の歩き方

平成二十一年七月三十一日第一刷発行
令和三年八月五日第四刷発行

著　者　塩沼　亮潤
発行者　藤尾　秀昭
発行所　致知出版社
〒150-0001東京都渋谷区神宮前四の二十四の九
TEL（〇三）三七九六—二一一一
印刷　㈱ディグ　製本　難波製本

ISBN978-4-88474-857-9　C0095
ホームページ　https://www.chichi.co.jp
Eメール　books@chichi.co.jp

いつの時代にも、仕事にも人生にも真剣に取り組んでいる人はいる。
そういう人たちの心の糧になる雑誌を創ろう——

『致知』の創刊理念です。

私たちも推薦します

稲盛和夫氏　京セラ名誉会長
我が国に有力な経営誌は数々ありますが、その中でも人の心に焦点をあてた編集方針を貫いておられる『致知』は際だっています。

鍵山秀三郎氏　イエローハット創業者
ひたすら美点凝視と真人発掘という高い志を貫いてきた『致知』に、心から声援を送ります。

中條高徳氏　アサヒビール名誉顧問
『致知』の読者は一種のプライドを持っている。これは創刊以来、創る人も読む人も汗を流して営々と築いてきたものである。

渡部昇一氏　上智大学名誉教授
修養によって自分を磨き、自分を高めることが尊いことだ、また大切なことなのだ、という立場を守り、その考え方を広めようとする『致知』に心からなる敬意を捧げます。

武田双雲氏　書道家
『致知』の好きなところは、まず、オンリーワンなところです。編集方針が一貫していて、本当に日本をよくしようと思っている本気度が伝わってくる。“人間”を感じる雑誌。

致知出版社の人間力メルマガ（無料）　人間力メルマガ　で　検索
あなたをやる気にする言葉や、感動のエピソードが毎日届きます。